SOIT DIT
EN PASSANT

DAVE

SOIT DIT EN PASSANT

Récit

Le Pré aux Clercs

OUVRAGE PUBLIÉ SOUS LA DIRECTION DE GILLES VERLANT

ISBN : 2-84228-170-5
N° d'éditeur : 159

www.lepreauxclercs.com

Prologue

C'était le 18 septembre 1985, je m'en souviens comme si c'était hier. La veille, j'étais à Saint-André-des-Alpes, en train d'enregistrer les chansons d'un nouvel album dans le « Studio Dassin » de Bernard Estardy, ainsi baptisé en mémoire de son ami, mort cinq ans plus tôt... Ce jour-là, je me suis retrouvé à Agen, dans une foire-exposition pour un gala. Le gala qui m'a filé le plus gros coup de cafard de ma carrière, celui qui a marqué la fin d'une époque et le début de ma traversée du désert. J'avais été une « star », un très gros vendeur de disques, j'avais vécu « comme Dieu en France » (ainsi qu'on le dit en Hollande)... Et ce soir-là, d'un coup, le rêve s'est écroulé.

Au cours des dix années précédentes, je m'étais baladé à travers le pays avec toute une équipe : un énorme camion blanc (marqué du nom « Dave » en bleu !) qui nous suivait partout avec nos instruments et tout notre matériel de sonorisation, mes six musiciens, mes trois choristes, mes six techniciens... Quelques mois avant ce triste concert à Agen, j'avais encore entamé une tournée avec tout ce petit monde. On m'avait prévenu que ce n'était pas raisonnable, que ma cote avait baissé, que les organisateurs de concerts ne voulaient plus payer le cachet que je demandais auparavant. On m'avait dit : « Fais comme Untel ou Unetelle, pars en tournée avec une bande ! Tu emportes un Revox et ta bande trente-huit centimètres dans le coffre de ta voiture, l'organisateur te branche sur sa sono et tu chantes en "live" sur un play-back orchestre ! » Nicoletta, qui tournait déjà comme ça depuis un moment, avait tenté de me convaincre : « Mais, mon pauvre, je ne peux pas faire autrement. Il faut bien que je mange ! » Têtu, j'avais refusé. Je trouvais ça inacceptable. Je me souvenais de l'époque où je chantais dans la comédie musicale *Godspell* avec entre autres Armande Altaï, Grégory Ken, Michel Élias, Bernard Callais et Daniel Auteuil, accompagnés par d'excellents musiciens comme Gérard « Crapoutchik » Kawczynski et Christian Padovan. Nous avions entendu parler d'un organisateur de spectacles qui avait tenté de monter une comédie musicale avec des bandes : il s'était heurté au syndicat des musiciens, qui avaient bloqué le projet. Donc, dans mon esprit, on ne pouvait pas utiliser des bandes sans verser l'équivalent de ce que coûtaient les musiciens à leur syndicat, comme c'est le cas aux États-Unis. Je me trompais : en France, c'est permis ! On peut chanter sur des bandes, les musiciens restent à la maison et pointent aux Assedic.

Pour en revenir à mon histoire, quand l'organisateur de la tournée m'avait annoncé le budget, je lui avais répondu : « Tant pis, je paierai les musiciens. Il ne me restera pas beaucoup et, si ça se trouve, j'y serai de ma poche, mais je refuse de travailler avec des bandes. Ce n'est pas sympa, ce n'est pas bien. Pas bien pour mon équipe, pas bien pour le public. »

Effectivement, en faisant les comptes à la suite de cette tournée, je m'étais aperçu que j'avais perdu de l'argent. Je n'allais plus pouvoir tenir. Et pourtant, il fallait que je bosse : je ne pouvais plus compter sur les royalties, les impôts m'étaient tombés dessus depuis un moment et je n'avais rien mis de côté...

Alors j'ai cédé. Pour la première fois, dans cette jolie ville d'Agen, où quelques mois plus tôt je m'étais produit avec mon orchestre, je me suis retrouvé seul sur scène, planté et verdâtre entre deux plantes vertes. Devant moi, six mille personnes. Derrière moi, rien. Pas un guitariste avec qui s'amuser, pas une choriste avec qui chercher une complicité. La bande a commencé à tourner et j'ai chanté.

Je n'avais jamais vu aucun de mes collègues chanter sur bande. Je ne m'y étais pas préparé. Ou alors, dans ma naïveté, je m'étais dit que ça allait être comme à la télévision, où j'avais évidemment souvent chanté en play-back orchestre. Sauf que là, devant six mille Agenais, j'étais paumé. Je ne crois pas qu'ils s'en soient aperçus, ils m'ont applaudi, m'ont demandé des rappels, mais moi, en sortant de scène, je savais que j'avais été mauvais. Je n'avais pas bougé, j'étais resté comme tétanisé derrière mon micro, esquissant à peine quelques gestes et quelques sourires. En fait, je m'étais habitué pendant les années précédentes à me reposer sur mes musiciens et mes choristes. Là, d'un coup, j'étais déphasé, dépité, dégoûté.

Le soir, dans ma chambre d'hôtel, comme je suis

quelqu'un de positif, je me suis ressaisi. Je me suis dit que c'était un nouveau défi à relever, qui allait m'obliger à évoluer. La métamorphose ne s'est pas faite du jour au lendemain, mais je crois pouvoir affirmer que c'est à partir de ce jour-là qu'en plus d'être un chanteur de variété, je suis devenu un clown, un animateur, un *entertainer* comme disent les Anglais !

1

Malentendu

Quand je consulte mes agendas de l'époque – heureusement, je les ai tous conservés, ils m'ont beaucoup aidé pour écrire ce livre –, je m'aperçois que mon tour de chant n'a pas beaucoup évolué depuis 1977. En 1985, je commençais par *Est-ce par hasard* puis j'enchaînais avec *Dansez maintenant.* Aujourd'hui je fais l'inverse, ce qui n'est pas un gros changement... À l'époque j'interprétais ensuite *L'Année de l'amour*, une jolie chanson sortie en 45 tours en 1981 qui était encore pas mal passée sur les ondes, mais dont les ventes avaient été décevantes. Puis il y avait *Comment ne pas être amoureux de vous*, l'adaptation de *Can't Help Falling In Love* d'Elvis Presley, *Lettre à Hélène*, *Six Cordes et dix doigts*, que je chante encore souvent, et *La Cigarette qui brûle mes doigts*, une de mes toutes premières chansons, sortie en 1970, bien avant que j'aie du succès. Je terminais par *Mon cœur est malade, La Décision, Du côté de chez Swann, Je viens du Nord*, une nouvelle chanson à l'époque, et *Vanina*, bien sûr. J'ai toujours fait ça : entre mes deux plus gros tubes, au moment où je sais que j'ai gagné le public, je glisse la petite dernière, la chanson que je défends en radio ou à la télé...

En 1985, lors de ce concert à Agen, cela faisait un moment, déjà, que je n'avais plus eu les honneurs des hit-parades, à plus forte raison ceux du Top 50, qui venait d'être lancé conjointement par Canal+ et Europe 1, contrairement à C. Jérôme, qui cette année-là s'était offert un come-back aussi inattendu que triomphal : son 45 tours *Et tu danses avec lui* s'était retrouvé en seconde place du Top 50, juste derrière *Je te donne* par Jean-Jacques Goldman !

Quand le succès commence à vous échapper, on a tendance, nous les artistes, à rejeter la responsabilité sur les autres. C'est ainsi que quelque temps auparavant, j'avais quitté CBS, la maison de disques chez qui j'avais eu tous mes tubes, pour signer chez EMI-Pathé-Marconi, en me disant qu'ils allaient mieux défendre mes chansons. Je m'étais en fait contenté de suivre mon directeur artistique, Jean-Jacques Souplet, mais celui-ci s'était fait virer peu après, non sans avoir signé entre-temps Jeanne Mas et Daniel Lavoie, qui bientôt allaient avoir le succès que l'on sait... Jean-Jacques s'est d'ailleurs bien vengé par la suite : deux ans après, il a été rappelé par EMI Londres et je crois savoir qu'il a obtenu un contrat mirobolant lui garantissant un véritable pactole dans l'hypothèse où il leur viendrait l'idée de le licencier à nouveau !

Mais un changement de label n'avait pas suffi. J'étais donc à Saint-André-des-Alpes, dans ce studio aménagé par Bernard Estardy, alias Le Géant, dans sa maison familiale, où je me souviens qu'il n'y avait ni électricité, ni eau courante : l'eau venait du ruisseau qui se trouvait un peu plus haut et l'on devait l'électricité aux capteurs solaires sur le toit... Estardy est une légende du show-business français et pourtant personne, en dehors de la profession, ne le connaît. Les plus grands artistes de ces quarante dernières années ont enregistré chez lui, la majorité dans son studio CBE, dans le dix-huitième arrondissement. On ne compte pas le nombre de tubes signés Johnny Hallyday, Claude François, Sheila, Patricia Kaas et autres, dont il a été l'ingénieur du son, l'arrangeur ou le producteur.

Cela dit, si j'aime vraiment l'homme, je sais aussi que, pour que les choses se passent bien, il faut être d'accord avec lui. C'est pour cela qu'à un moment ou un autre tout le monde le quitte. On ne le surnomme pas le « Géant » seulement pour sa stature : c'est un homme incroyablement charismatique, avec qui l'on s'entend à merveille, puis avec qui l'on se brouille de façon homérique. Mais on ne peut pas ne pas l'aimer. D'autant que les brouilles sont passagères : avec Nino Ferrer, dont il était l'organiste et l'arrangeur dans les années soixante, à l'époque de *Mirza*, *Oh, hé, hein, bon !* et des *Cornichons*, une engueulade avait mis fin à leur collaboration. Quelques années plus tard, Nino était venu le revoir pour *Le Sud*, une chanson dont il sentait le potentiel mais qu'il ne parvenait pas à arranger de façon satisfaisante. Tout de suite, Estardy avait trouvé le gimmick qui manquait, ce son de guitare nostalgique qui avait permis au *Sud* de se vendre à plus d'un million et demi d'exemplaires...

Là-haut, à Saint-André-des-Alpes, l'ambiance était différente, moins studieuse : il préparait le gigot à la ficelle, je faisais le pain, et puis vers 16 heures, quand on avait fini de déjeuner, on se disait : « Et si on travaillait un peu ? » Mais très vite, c'était déjà l'heure du dîner... Comme Souplet avait été remercié, c'est Thomas Noton, le nouveau directeur de la production d'EMI, qui s'est collé par la force des choses à la réalisation de mon album. C'était le producteur de Renaud et j'étais plutôt intéressé par cette nouvelle expérience. À sa sortie, malheureusement, l'album n'a pas mieux marché que les précédents, ceux que j'avais publiés depuis le changement de décennie en tout cas. Dans les années soixante-dix, on me considérait comme un vendeur de singles, ce qui ne m'avait pas empêché de vendre 400 000 exemplaires de mon premier album, propulsé par le succès de *Trop beau*, *Vanina*, *Mon cœur est malade*, *Dansez maintenant* et *Du côté de chez Swann*. Aujourd'hui, avec des tubes de ce calibre, j'aurais sans doute dépassé le million d'albums... Mais le métier était différent. À cette époque, les chanteurs de variété comme Claude François, Patrick Juvet et d'autres vendaient plus de « simples » que des 33 tours. Après ce succès initial et un deuxième album vendu à plus de 200 000 exemplaires, j'avais l'impression d'enregistrer de beaux 33 tours, avec lesquels j'obtenais d'ailleurs des Disques d'or et dont il s'écoulait 120 ou 130 000 copies, mais on persistait à me voir comme un « faiseur de tubes ». Cela dit, quand je repense à ce que j'ai vécu à partir de l'été 1974, lorsque *Trop beau* s'est retrouvé en tête de tous les classements, je ne regrette rien. De toute façon, tout a commencé par un malentendu.

Lorsque je dis que ma carrière de chanteur populaire a démarré sur un malentendu, c'est parce que j'ai longtemps considéré *Trop beau*, mon tout premier succès, comme une chansonnette sans intérêt. Du moins au départ, après je m'y suis fait ; j'ai même fini par l'apprécier... Mon critère a toujours été le même : est-ce que je l'aurais aimée, est-ce que j'aurais été fier d'avoir écrit cette chanson, et si tel était le cas, l'aurais-je montrée à Patrick Loiseau, qui en plus d'être mon compagnon (nous sommes « pacsés » !), est aussi mon parolier, pour qu'il mette des mots dessus ? La réponse est non. Moi qui composais tout le temps des chansons, à l'époque, s'il m'était venu une mélodie aussi simple que celle-là, je n'aurais jamais osé la faire écouter à quiconque...

Petit flash-back. Nous sommes à la fin 1973. Je viens d'attaquer la troisième saison de la comédie musicale rock *Godspell*, après avoir triomphé pendant deux ans au théâtre de la Porte-Saint-Martin, nous nous apprêtons à effectuer notre première tournée d'hiver. Depuis la création du spectacle, la troupe est soudée et nous nous amusons comme des fous. Mon contrat avec la maison Barclay venait d'arriver à échéance ; je raconterai plus loin dans quelles conditions je l'avais signé six ans plus tôt, en décembre 1967. Du coup j'avais préparé une dizaine de maquettes et, depuis un moment déjà, je faisais le tour des maisons de disques avec ma bande sous le bras, mais mes chansons n'intéressaient personne : je me faisais jeter de partout, avec à la clé des scènes parfois humiliantes, comme ce producteur qui s'était endormi devant moi en écoutant mes chansons. Il n'avait été réveillé que par le bruit de la bande en fin de déroulement.

— Ah oui, c'est pas mal... avait-il tenté de bredouiller tandis que je la « remettais dans ma culotte ».

Il m'avait reçu parce que l'album *Godspell* était sorti dans sa boîte, mais si c'était pour m'accueillir de la sorte, il aurait aussi bien fait de s'abstenir. Le porte-à-porte a fini par me mener chez Jean-Jacques Souplet, chez CBS.

Son père, Jacques Souplet, était le P-DG de la société. Quand son fils avait manifesté le désir de faire le même métier, il lui avait dit : « Ne compte pas sur moi pour t'aider. Si tu veux y arriver, tu te démerdes. » Alors Jean-Jacques avait démarré en bas de l'échelle. Il avait d'abord travaillé au stock, puis il était devenu attaché de presse et enfin directeur artistique. Il avait découvert un groupe norvégien nommé Titanic, avec lequel il avait obtenu un succès mondial en 1971 grâce au tube *Sultana.* Deux ans plus tard, il avait signé Anne-Marie David et avait écoulé trois millions d'exemplaires de *Tu te reconnaîtras* lorsqu'elle avait remporté le grand concours Eurovision de la Chanson. Entre-temps, il avait signé Gérard Lenorman, qui s'était mis aussitôt à vendre des tonnes de 45 tours comme *Il*, *De toi*, *Les Matins d'hiver* ou *Les Jours heureux.* En clair, quand j'ai pris rendez-vous avec Jean-Jacques Souplet, je rencontrais un homme en pleine dynamique de succès, comme ils disent...

Il a écouté ma bande et m'a dit : « Le chanteur m'intéresse, mais pas les chansons. » On a bientôt travaillé sur deux titres signées Claude Morgan (on se souvient de son *El Bimbo*), j'étais moyennement enthousiaste mais au moins j'avais signé un contrat. Puis, un beau jour du printemps 1974, Jean-Jacques m'appelle.

— Écoute ce soir le hit-parade de la BBC, me dit-il. Je voudrais que tu me dises ce que tu penses d'une chanson qui vient encore de progresser de plusieurs places : ça s'appelle *Sugar Baby Love* par les Rubettes.

J'ai écouté la radio anglaise avec Patrick et, effectivement, la chanson avait fait un bond dans le classement. Mais il en fallait plus pour m'impressionner ; je trouvais ça très téléphoné et globalement pas très intéressant.

Le lendemain, Souplet m'a expliqué son plan : il avait appris que la branche française de Polydor, la maison de disques qui avait publié le 45 tours des Rubettes en Grande-Bretagne, n'avait pas l'intention de le sortir chez nous. En revanche, l'éditeur de la chanson l'avait contacté pour une version française. Quand Souplet lui avait dit que cette chanson était pour moi, l'autre avait déchanté : « Dave ? Mais il n'a jamais rien vendu, Dave ! »

— Avec ça, il peut marcher, lui avait répondu Souplet.

Comme tout devait se faire sur les chapeaux de roue, le hasard a voulu que Patrick écrive le texte, ce qui n'était pas prévu du tout. Lorsqu'on est sortis du petit studio minable où nous l'avons enregistré à la va-vite – celui que Bernard Estardy surnomme la « boîte à chapeau » –, Jacques Souplet a écouté la bande et décrété : « On en met 40 000 exemplaires en place. » C'était énorme, je n'en revenais pas, mais à l'époque il est vrai qu'il y avait beaucoup plus de magasins de disques que de nos jours...

Sur Europe 1, Jean-Loup Laffont, qui était un animateur vedette, n'a pas voulu croire que c'était moi qui chantais, en tout cas le passage le plus aigu et périlleux vocalement.

— Ce n'est pas possible, vous avez accéléré la bande !

Je me suis donc rendu à Exincourt, à côté de Belfort, d'où Jean-Loup faisait ce jour-là son émission en public, et j'ai chanté *Trop beau* en direct, note pour note comme sur le disque, aigus compris ! Dès le lendemain, les ventes ont démarré. Très vite, Polydor a réagi en sortant le *Sugar Baby Love* des Rubettes, mais Jean-Jacques, qui croyait autant à la version anglaise que française, m'avait fait enregistrer les deux, qui étaient sorties simultanément, avec deux pochettes différentes. Voilà pourquoi je n'ai pas été numéro 1 durant l'été 1974 : j'étais à la fois numéro 3 avec *Trop beau* et numéro 11 avec *Sugar Baby Love* ! J'en ai vendu 400 000 en français et 300 000 en anglais. Étonnant, non ?

Du jour au lendemain, je suis devenu une vedette avec cette chanson que j'aimais pour ce qu'elle m'apportait, mais que j'avais initialement détestée. Très vite, j'ai arrêté de l'interpréter, en particulier sur scène, pour une raison plus prosaïque : vocalement, le « contre-contre-sol » au début est tellement difficile à chanter que je risquais d'y laisser ma voix. C'est inhumain, c'est inchantable, ce truc ! Je l'ai fait pendant un an et puis j'ai laissé tomber : l'angoisse de monter sur scène en sachant qu'il y avait cette note à atteindre finissait par me peser.

Le disque est sorti partout en Europe, en concurrence frontale avec la version des Rubettes. Certains territoires m'ont boudé : je me souviens de m'être fait jeter en Belgique, quand je suis allé chanter *Sugar Baby Love* à l'occasion de l'Opération 48 81 00, qui était leur Téléthon local, à l'époque : les Belges préféraient la VO ! En Espagne, en revanche, j'ai fait un carton. On raconte souvent que je me suis fait agresser un jour, dans une radio, par le groupe anglais. La vérité est tout autre : dans le couloir menant vers le grand studio d'Europe 1, je les ai croisés alors que je sortais de l'émission Carré bleu. Alan Williams, qui en télé se contentait de mimer la voix de Paul Da Vinci, le véritable chanteur *lead* du disque, qui avait depuis quitté le groupe, était devant. Il m'a tendu la main, j'ai voulu la lui serrer, mais il a relevé le bras, comme font les clowns et les mômes au niveau du CP, et il est passé sur le côté. Ça ne m'a pas plu du tout, je l'ai attrapé par le col et il a fallu qu'on nous sépare. J'avais parfois des montées d'adrénaline incontrôlées, beaucoup plus à trente ans qu'aujourd'hui. Je me vois à l'époque courir derrière une bagnole dont les quatre occupants, des gros beaufs, m'avaient traité de pédé. J'étais tout seul, je n'aurais eu aucune chance s'ils avaient décidé de sortir de leur voiture mais je n'ai pas pu m'en empêcher. Appelez ça de l'inconscience...

Alan devait avoir un problème avec les chanteurs : peu après le triomphe de *Sugar Baby Love*, qui s'est vendu à trois millions d'exemplaires rien qu'en Grande-Bretagne, Paul Da Vinci a quitté les Rubettes pour entamer une carrière solo. Il avait une voix exceptionnelle et un formidable « falsetto », mais il n'a plus jamais obtenu un succès personnel, que je sache. Alan Williams est donc devenu la « voix » des Rubettes pour les chansons qui ont suivi comme *Tonight* : c'en était donc fini des prouesses vocales, et pour cause ! Quant à moi, je devais vivre avec mon hit, un peu vexé quand même de n'avoir pu placer une seule de mes petites chansons. Cela dit très honnêtement, le plaisir d'avoir tout à coup un énorme tube compensait largement cette petite contrariété. Mais je cède la parole à Patrick : écoutez donc sa version des faits.

Le récit de Patrick, première partie

Pendant l'été 1971, cédant à la pression et aux arguments de Dave, que j'avais rencontré quelques mois plus tôt, j'ai fini par quitter mon job chez Yves Saint Laurent. J'ai alors pris rendez-vous avec Pierre Bergé pour m'en expliquer et j'ai rencontré de sa part une compréhension dont je lui suis encore reconnaissant aujourd'hui.

Il savait ce qu'aimer veut dire.

Une fois cette page tournée, me retrouver du jour au lendemain sans boulot et rien de précis en vue, si ce n'était un amour somme toute assez aléatoire, ça m'a fait tout drôle. En fait, je ne trouvais pas ça drôle du tout, d'autant plus anxieux que je ne voulais en aucun cas dépendre financièrement de qui que ce soit, fût-ce de l'être que j'aimais.

La réponse à cette angoisse se trouvait chez Barclay, en la personne d'Alain Marouani, auquel Dave, artiste maison (qui en était alors à quelque huit 45 tours enregistrés sans succès), présenta mes dessins. Très vite, je devins dessinateur de pochettes de disques, ce qui d'une certaine façon me comblait, bien que ce ne fût pas extrêmement lucratif. J'ai adoré ça, en dépit du fait qu'il me fallait compenser mon manque de technique par un travail acharné, et j'ai poursuivi cette activité jusqu'en 1975, l'année où les premières chansons dont j'avais écrit les paroles ont obtenu un succès aussi fou qu'inattendu. Des pochettes, j'en ai dessiné à la chaîne, pour Nicoletta, Marie Laforêt, Mireille Mathieu, puis pour Régine, Claude François ou Cher (avant les travaux de transformation), et aussi pour une quantité d'inconnus qui le sont restés.

Je suis devenu parolier par accident. Un jour, j'avais eu une idée de texte liée à un moment d'été idyllique sur le bateau de Joost, l'un des plus vieux amis de Dave ; celui-ci, en bon marin, galérait encore chez Barclay mais avait eu l'indulgence ou le mauvais goût de trouver mon texte joli et l'avait enregistré sur un disque qui n'avait pas mieux marché que les précédents. C'est ainsi, avec *Un rocher sur ton île*, que j'ai débuté dans cet étrange métier. Très vite, sur les conseils d'un directeur artistique présent à la séance, je suis devenu le nègre d'une auteur-compositrice-interprète qui avait connu son quart d'heure de gloire dans les années soixante et qui continuait d'écrire des chansons pour d'autres. Elle me donnait un titre ou une idée de texte que je développais, ou bien me laissait une liberté quasi totale pour « paroler » les musiques qu'elle composait pour la plupart. Seul petit souci : une fois mon travail accompli, elle déposait le tout sous son seul nom à la SACEM, la Société des auteurs compositeurs et éditeurs de musique. Les rares titres qu'elle me laissait signer, inexplicablement, n'étaient jamais enregistrés par les interprètes pour lesquels elle travaillait ou se retrouvaient perdus sur un album, au milieu d'autres morceaux dont j'étais à 80 % l'auteur mais où mon nom n'était pas crédité... Néanmoins, grâce à elle, j'ai appris les rudiments du métier, jusqu'à ce que j'en aie assez d'être pris pour le naïf inexpérimenté que j'étais. C'était, en dépit de mon peu de savoir-faire, un véritable marché de dupes. J'ai alors déposé tous mes textes pour les protéger, quitte à ne jamais rien en faire moi-même et suis retourné à la confection de mes pochettes, vaguement écœuré par ma brève expérience de parolier.

Le récit de Patrick, première partie

Comme l'a raconté Dave, c'est à la suite d'un concours de circonstances tout à fait fortuit que je me suis retrouvé à écrire l'adaptation de *Sugar Baby Love*, un succès que j'ai vécu un peu comme une imposture. Disons que Dave et moi, sur l'instigation de Jean-Jacques Souplet (appelons ça du flair), avons pris un train en marche. La chanson originale était plutôt bien ficelée, bien produite, et nous n'en avons fait qu'une assez pâle copie. Quant à la version française, avant sa sortie, je la trouvais tellement mauvaise qu'il me semblait impensable qu'elle puisse marcher. Mon texte, en particulier, était épouvantable. Phonétiquement correct, sans doute, mais franchement pas bon... Je trouvais que Dave n'avait pas le bon phrasé et que c'était moyennement bien chanté ; sa voix haut perchée était très spectaculaire dans le refrain, mais la partie parlée, ralentie artificiellement pour faire plus sensuel ou Dieu sait quoi, frôlait le grotesque... bref, l'ensemble était et faisait assez « bricolé ».

Et puis le disque s'est mis à marcher de façon phénoménale et j'en ai été le premier étonné. Quand une chanson se trouve plébiscitée par des centaines de milliers de personnes, on doit se rendre à l'évidence : elle doit avoir quelque chose. Les défauts que je trouvais rédhibitoires ne devaient pas l'être pour tout le monde, et je mentirais en prétendant que ce succès m'a laissé indifférent. Dans un premier temps, je restais totalement dépassé et incrédule, sans doute parce que ça se situait quasiment aux antipodes de ce que j'aimais écouter. Mais quand les choses ont commencé à devenir sérieuses, l'honnêteté m'oblige à reconnaître que cela me faisait plaisir, malgré tout... et ce plaisir-là a légèrement occulté la conscience que j'avais du manque de qualité de l'« œuvre ». J'aurais évidemment préféré, comme Dave, que cette aventure nous arrive avec une chanson dont nous aurions été vraiment fiers, mais la vie m'a appris depuis que le succès comme l'insuccès sont presque toujours basés sur un malentendu.

Je me souviens aussi d'avoir été mis à contribution pour la pochette, paradoxalement assez vilaine, de *Trop beau* : Jean-Jacques m'a demandé de réaliser de toute urgence un portrait du chanteur vêtu d'un costume blanc, une casquette à la main, blanche également. Je me suis donc exécuté en me conformant à ces directives, mais en ignorant totalement que c'était une copie éhontée de la tenue de scène des Rubettes et que tout ceci n'était destiné qu'à semer la confusion dans l'esprit de l'acheteur éventuel... Pour ce qui est du logo « Dave », au lettrage psychédélique dégoulinant tout à fait dans le mauvais goût de l'époque, c'est une trouvaille du maquettiste maison de CBS, qui a marqué visuellement : pas très élégant, mais identifiable de loin... L'équivalent graphique des pattes d'éph, des cols pelle à tarte et du reste... L'ensemble avait au moins le mérite d'être cohérent !

Ensuite, par la force des choses, et aussi parce que j'aimais bien faire de la photo, les clichés que je pouvais prendre de Dave au hasard de nos balades se sont retrouvés sur les pochettes des 45 tours et des albums. Équipé d'un matériel amateur, je me limitais aux prises de vue en extérieur en lumière naturelle, ce qui convenait bien à mon camarade, pas vraiment porté sur les séances de photos en studio. Je me souviens en particulier de la pochette du tout premier album, avec notre chien Mangas, que l'on a faite à la pointe de l'île Saint-Louis, à quelques mètres de l'endroit où Jean-Marie Périer avait photographié Françoise Hardy adossée à un arbre en 1963... Le genre de détail qui n'est pas sans importance aux yeux du fan irrécupérable que je suis ! Ce jour-là, Dave et moi étions à cran et l'ambiance était à couper au couteau, ce qui ne transparaît heureusement pas sur les photos, où il a l'air souriant et détendu... J'avais un Nikon d'occasion, un très bon appareil, si ce n'était un petit problème d'enclenchement dans le déroulement de la pellicule. Voulant charger un second film après avoir shooté trente-six poses, je me suis aperçu que le film était en fait resté coincé : tout était à recommencer ! Dave, qui s'était cru enfin libéré de cette séance déjà pénible pour lui (surtout que je ne disposais pas d'un moteur et qu'il avait tendance à s'énerver lorsque je tardais à appuyer sur la détente), m'a alors traité de nul ou quelque chose d'approchant, ce qui n'était pas faux, mais qui m'a mis à mon tour d'une humeur de dogue... Bref, on a tout de même réussi à faire une seconde bobine dont les clichés ont servi pour la pochette du premier album et du 45 tours « Du côté de chez Swann », sans oublier tout un tas de rééditions et la compil publiée dans les années quatre-vingt-dix. Sans doute mes photos d'amateur maladroit n'étaient-elles pas si ratées que ça...

Pour la petite histoire, c'est moi qui suis en quelque sorte responsable de *Vanina.* À l'époque où Dave chantait encore sur les terrasses et dans les boîtes, la chanson *Runaway* de Del Shannon figurait à son répertoire et elle m'avait tapé dans l'oreille. Juste après *Sugar Baby Love*, qui était un clin d'œil au rock des années cinquante, avec une touche de second degré, Jean-Jacques Souplet et Dave se sont demandé avec quel titre ils pouvaient enchaîner, afin d'obtenir un deuxième tube pour « installer » l'artiste. Avant même d'en faire part à Souplet, j'ai pris l'initiative de m'essayer à faire un texte français sur *Runaway*[1] pour voir si je m'en sortais et si ça sonnait.

Au moment où Dave s'est retrouvé à jouer *Ubu* en Avignon, durant l'été 1974, nous logions dans la chambre la moins coûteuse de l'Hôtel de l'Europe, une espèce de soupente charmante où il faisait une chaleur à mourir. C'est là que j'ai commencé à écrire le texte français de ce qui est devenu par la suite *Vanina*, parce que dans la première version, je n'avais pas eu l'idée d'intégrer un prénom.

---

1. Pour les amateurs de « collectors », il existe – chose que nous ignorions en 1975 – deux obscures versions françaises de *Runaway* datées de 1960. L'une par Richard Anthony et l'autre par Orlando (le frère de Dalida), sous le titre de *Mon amour disparu.*

— C'est pas mal, m'a dit Souplet quand il a lu le texte, mais ce serait mieux avec un prénom de fille.

Comme ma plus ancienne et meilleure amie s'appelle Vanina, je n'ai pas eu à chercher loin... Pour Souplet, qui en l'occurrence avait raison, c'était une évidence : Dave se positionnait sur le marché des chanteurs à minettes, un prénom féminin allait contribuer au succès de sa nouvelle chanson. L'idée lui revient : il est probable que cette même chanson, sous un autre titre, aurait moins accroché. Par ailleurs c'est à Estardy que revient l'idée du pont musical chanté qui devint le gimmick du titre : ce n'était pas prévu au départ, puisque dans l'original c'est un orgue qui joue cette partie aiguë. C'est en entendant Dave improviser « pour rire » sur l'instrument que le grand Bernard a eu le flash... Ne restait plus qu'à le chanter pour de bon, et tout à coup, ça semblait couler de source, alors que depuis le début de la séance, notre bon Géant ne semblait pas vraiment convaincu du bien-fondé de l'entreprise.

— Le français, quelle langue de merde ! disait-il, catastrophé. Ça ne sonne pas !

Et c'était de MES mots qu'il parlait ; autant dire que je n'en menais pas large avant que le miracle ait lieu.

Contrairement à *Sugar Baby Love*, dont nous n'avions confectionné qu'un ersatz insipide, je pense que *Vanina* fut une re-création par rapport à la version d'origine. De cette chanson, non seulement je n'ai pas honte, mais je suis plutôt content : si la première lui avait permis de décoller, c'est celle-là qui a mis Dave sur orbite !

2

« Pétage » de plomb

Dès la sortie de *Trop beau* j'ai été entraîné dans un tourbillon incontrôlable : le rythme était frénétique et je ne me suis pas aperçu tout de suite des effets psychiques que cela pouvait avoir sur ma personnalité. Je ne m'en suis absolument pas rendu compte quand j'étais en plein dedans, mais j'en ai reconnu les symptômes plus tard, chez de nouvelles vedettes. En les voyant je me suis dit : « Tiens ! J'ai vécu ça. » Et eux, tels que je les observais, ne se rendaient pas compte non plus de ce qui était en train de leur arriver.

Je me souviens par exemple d'un déjeuner avec une nouvelle star de la chanson rock, en 1984, qui venait d'exploser avec une chanson clipée par Jean-Baptiste Mondino. Quand il faut gérer un succès aussi colossal et aussi soudain, la comédie humaine part en vrille : en un déjeuner j'ai entendu assez de conneries, de flagorneries et de vantardises pour écrire un sketch ! Ça va du directeur financier en passant par le directeur du marketing jusqu'aux attachées de presse. Tous et toutes sont à plat ventre devant leur « pouliche » du moment. Pourtant, à moins qu'ils débutent dans le métier, ils ont déjà vécu la situation avec des artistes qui ont duré le temps d'un 45 tours et d'autres qui ont réussi à transformer l'essai, mais c'est chaque fois le même cirque et chacun joue son rôle à la perfection. Sauf le chanteur à qui cela arrive pour la première fois, qui a la tête dans les étoiles et qui se croit tout permis, y compris les pires outrecuidances... Je suis à l'aise pour en parler : un jour, la pouliche, c'était moi ! En plus, j'adorais sa chanson et j'étais intimement persuadé qu'Axel Bauer, puisque c'est de lui qu'il s'agit, était un vrai artiste, ce qu'il a d'ailleurs prouvé par la suite. Mais sur le moment, son attitude et sa suffisance étaient plutôt insupportables. Charles Aznavour, par exemple, m'a toujours semblé très content de lui. Mais on le serait à moins. J'ai à nouveau constaté les mêmes symptômes, des années plus tard, avec Filip, le plus mignon du boys band les 2 Be 3, qui ont vendu quelques millions de disques en l'espace d'une ou deux saisons, vers 1997, avant de retomber dans l'oubli. Je l'avais rencontré avant qu'il ne soit embarqué dans cette aventure. Un garçon charmant, séduisant, qui avait tout pour plaire. Un an plus tard, se croyant une superstar, il avait perdu ce qui le rendait attachant, humain. Là aussi, j'ai constaté comment, en un temps record, on peut se retrouver totalement déconnecté de la réalité et perdre pied si ce n'est pas la tête. Aujourd'hui, je lui souhaite sincèrement bonne chance avec sa carrière d'acteur.

Enfin, je suis passé par tout cela moi aussi... Françoise Serre, qui s'occupait de la presse chez CBS, à l'époque, fut la première personne à me révéler l'ampleur de mon succès.

— Tu te rends compte que tu vends entre 10 000 et 20 000 disques par jour ?

Je ne comprenais vraiment pas ce que ça signifiait. Je ne parvenais pas à m'imaginer qu'il y avait en France 10 000 ou 20 000 personnes qui, chaque jour, entraient chez un disquaire ou dans une grande surface pour acheter mon disque. C'est irréel, et pourtant ça m'est arrivé : quand on vend un million d'exemplaires de *Vanina* en l'espace de trois mois, au point de devoir faire presser des disques aux Pays-Bas pour arriver à remplir les carnets de commande, c'est ce qui se passe. Comment garder les pieds sur terre, quand cela vous arrive ? Comment ne pas péter un plomb ?

Heureusement, je n'avais pas dix-huit ans lorsque ça m'est arrivé. J'approchais de la trentaine, j'avais déjà pas mal roulé ma bosse, comme je l'ai raconté dans mon premier livre, *Du côté de chez moi*[1] j'avais acquis un certain recul au cours de ma période Beatnik, quand je vivais avec trois fois rien sur notre vieux bateau de pêche. Je crois que ça m'a permis de garder la tête froide et de ne pas avoir été odieux, ou suffisant, ou alors pas longtemps...

Il m'arrive encore de culpabiliser en pensant à un incident stupide, survenu en 1974, avec la personne qui était supposée lever la barrière à l'entrée de la Maison de la Radio. J'avais rendez-vous pour une émission et il ne voulait pas lever sa fichue barrière. Et là, comme un idiot, j'ai baissé la vitre de ma Mercedes et j'ai crié : « Mais enfin, vous ne voyez pas qui je suis ? » Plus con, tu meurs ! Si ce monsieur vit toujours et qu'il lit ces lignes, je lui présente, avec

1. Editions Jean-Claude Lattès, 1997.

une petite trentaine d'années de retard, mes plus plates excuses.

On dit souvent que le succès embellit physiquement ; il peut aussi enlaidir les âmes, si on n'y prend pas garde.

Le jour où mon attachée de presse m'a annoncé que je vendais autant de disques par jour, je n'ai pas réalisé ce qui m'arrivait, mais ce n'est rien comparé au jour où j'ai signé le contrat pour devenir l'ambassadeur des fromages de Hollande en France. On se souvient peut-être des pubs qui ont été diffusées pendant deux ans, à la fin des années quatre-vingt-dix. Le montant du chèque m'a permis de rembourser en une fois le crédit bancaire de ma maison dans le Vaucluse. J'ai éprouvé ce que doivent ressentir les gagnants du Loto : une grande joie suivie d'un vide sidéral, tellement c'est surréaliste. Ce jour-là je suis rentré à la maison, j'ai montré à Patrick le chèque de près d'un million de francs (pour la première année) et je lui ai dit : « Voilà, on a signé. Qu'est-ce qu'on mange ? » Je venais de traverser certaines des années les plus dures de ma vie, j'avais bossé comme une brute pour m'en sortir et soudainement un créatif d'une agence de pub était venu me voir pour me demander : « Ça vous amuserait de dire à la télé que vous aimez l'édam, pour deux cents briques ? » Ce n'est pas réel, je n'arrive toujours pas à y croire. Bien sûr j'aurais préféré gagner la même somme en vendant un disque qui m'aurait relancé dans le Top 50, mais je ne vais pas me plaindre, ce serait indécent.

Quand le succès vous tombe dessus, les gens qui, la veille, ne vous auraient pas accordé un regard vous traitent soudainement avec beaucoup d'égards.

J'ai vécu à ce sujet une anecdote plutôt étonnante lors d'une tournée d'été, du côté de Montpellier. Après le spectacle, on m'avait traîné en boîte, où j'avais été accueilli comme le Bon Dieu en personne. En moins de trente secondes, je m'étais retrouvé à la meilleure table et le garçon nous avait apporté assez de bouteilles de whisky et de champagne pour saouler un régiment. Trouvant le serveur mignon, je me penche à l'oreille d'un de mes musiciens et je le lui dis, pour blaguer. Dix minutes plus tard, je m'aperçois que ce n'est plus le même garçon qui nous sert. Je m'en inquiète, et le même musicien m'explique : « J'ai dit au patron que tu trouvais le serveur à ton goût, il a préféré le renvoyer chez lui pour ne pas avoir de problème. » Autrement dit, il avait eu peur que j'exige qu'il m'amène le serveur à l'hôtel, pour exercer je ne sais quel droit de cuissage d'un autre âge !

Ce pouvoir que l'on prête aux stars et aux vedettes est à 90 % dans la tête des gens, mais elle peut avoir des côtés sympathiques. Patrick me l'a fait remarquer lorsque nous avons été voir le film *Ma femme est une actrice* avec Yvan Attal et Charlotte Gainsbourg. À un moment, Yvan, qui joue un journaliste sportif, appelle un restaurant pour réserver une table et on lui répond que ce n'est pas possible. Dans la seconde qui suit, Charlotte, la star de cinéma, rappelle le resto et obtient la meilleure table : combien de fois n'avons-nous pas vécu cette scène ! Bizarrement, j'ai mis un certain temps à profiter, cyniquement je l'avoue, mais avec une certaine délectation, des avantages de la gloire. Les trois ou quatre premières années, je travaillais comme un cinglé, notamment pour arriver à rembourser des arriérés d'impôts. Dès 1976 j'avais été en redressement fiscal : il fallait que je verse 60 000 francs par mois pour des pénalités de retard, plus les impôts courants... Résultat, je devais donner au moins dix concerts par mois ; vous rajoutez à cela les télés, la promo et l'enregistrement des disques... Bref, jusqu'en 1979, j'ai eu la tête dans le guidon, je n'avais pas le temps de sortir. Or il faut sortir pour se rendre compte de l'ascendant que l'on peut avoir sur le commun des mortels auquel, pourtant, l'on croit appartenir.

J'en ai eu la révélation à la fin des années soixante-dix, après ma rencontre avec Sophie Rochas-Issartel, qui s'occupait des relations publiques de la boîte restaurant l'*Élysées-Matignon*, dont son mari Armel était le patron.

— Mais enfin, Dave, venez nous voir ! m'avait-elle lancé.

Et effectivement, nous avons été, Patrick et moi, magnifiquement reçus. Dès notre arrivée, elle nous conduisait à la table des vedettes (dans les années 1985-1986, j'imagine qu'on m'aurait assis sur un strapontin !) Traités comme des princes, nous avons commencé à sortir, pratiquement tous les soirs, pendant quelques années. Ma table m'attendait, j'y blaguais avec Johnny ou Gainsbourg – avec qui je tapais le bœuf, au piano –, mais j'y allais surtout pour faire mon marché ; ou plutôt notre marché ; ça se passait juste avant le sida. En clair, on allait draguer. Dès l'entrée, où attendaient tous ceux qui rêvaient de pénétrer dans le saint des saints de la nuit parisienne, à l'époque, avec le *Palace* et les *Bains-Douches*, je me faisais interpeller par des garçons parfois pas mal du tout : « Dave, fais-nous entrer ! », en échange de quoi ils s'offraient plus qu'une fois... Cette fois il ne s'agissait plus de droit de cuissage, mais d'une sorte de pouvoir qui, je l'avoue, n'était pas désagréable – et même franchement amusant. J'en ai profité. Raisonnablement. Enfin, je crois...

Depuis la seconde moitié des années quatre-vingt-dix, on m'amène de nouveau à la table des vedettes. Il n'y a pas longtemps encore, je me suis retrouvé à une soirée avec Marc Olivier Fogiel, sur lequel, je vous rassure tout de suite, je n'exerce aucun droit de cuissage. Le patron est allé demander à une vedette un petit peu oubliée des sixties, qu'il avait temporairement installée là, faute de plus gros gibier, de déguerpir illico, prétextant que la table avait été réservée. J'ai eu honte pour lui, honte pour le tenancier de l'établissement. C'est cruel, c'est nul, mais cela se pratique toujours.

3

Pieds sur terre

J'ai réussi à garder les pieds sur terre quand brusquement, en 1974, le 45 tours *Trop beau* s'est mis à marcher, suivi de près par *Vanina.* Tout cela grâce à la troupe de la comédie musicale *Godspell*, avec laquelle j'étais encore en tournée : sans eux, je me serais peut-être envolé ! Il y avait vraiment un très bon esprit dans cette troupe ; nous devions encore assurer une centaine de dates et ce n'est pas parce que mon disque décollait que j'allais laisser en plan toute une équipe.

C'était notre deuxième tournée d'hiver. Daniel Auteuil nous avait déjà quittés pour jouer une pièce de théâtre à Paris et rester disponible pour d'éventuelles propositions de réalisateurs de cinéma. Nous voyagions ainsi, en car, de ville en ville ; je me souviens que l'autoradio était branché et que nous guettions le passage de *Vanina* et sa progression dans le hit-parade. Catherine Allégret avait rejoint la troupe, elle se réjouissait avec moi quand j'avais gagné deux places ! Mon emploi du temps était délicat : il m'arrivait, le samedi, de partir enregistrer un Ring Parade pour Guy Lux, puis de rejoindre la troupe sur les chapeaux de roue. Le décalage était plutôt marrant : la mentalité dans le monde du théâtre est tellement différente ! Les jalousies et les mesquineries sont les mêmes partout, évidemment, mais je crois que mes camarades étaient vraiment contents pour moi : sur scène, j'étais un garçon de la troupe comme les autres. Nous trouvions la situation plutôt drôle qu'autre chose, d'autant que les gens qui venaient me voir jouer dans *Godspell* ne faisaient pas le lien, dans leur grande majorité, avec le Hollandais qui chantait ses petits tubes à la télévision... Parfois, j'étais accueilli à la sortie du théâtre par quelques minettes surexcitées, mais pas suffisamment pour me mettre mal à l'aise par rapport aux autres.

Puis il y a eu la première fois – c'est très précis dans ma tête – où j'ai fait une dédicace. J'en ai connu des dizaines par la suite, comme la plupart de mes collègues chanteurs, et le principe en était immuable : on nous demandait par exemple d'aller dans un grand magasin de meubles, genre But ou Conforama. Une semaine auparavant, ils commençaient à coller des affiches, à faire des annonces dans le magasin et à publier des encarts dans la presse locale. Comme vous l'avez tous constaté, ces grands magasins sont généralement situés dans une même zone industrielle, dans la banlieue des villes : pour attirer les clients, ils se livrent une concurrence féroce, notamment en faisant venir des vedettes, qu'il s'agisse d'un cycliste, d'un homme de média ou d'une vedette de la chanson. On est payé comme pour un concert, et tout ce qu'ils attendent de nous, c'est qu'on signe des photos ! En prime, on peut même en profiter pour vendre nos disques, encore que ce ne soit pas toujours très bien vu. Avant cela, le directeur du magasin nous promène de stand en stand pour prendre des photos avec des clients, on fait risette et tout le monde est content.

Mais rien ne m'avait préparé à cette toute première dédicace. C'était dans un grand magasin de style Dames de France ou Prisunic, à Aurillac. Quand je suis arrivé, avec la Mercedes dans laquelle se trouvaient Patrick, mon secrétaire Franck Thomas et ma meilleure amie, Louise, il y avait environ cent cinquante à deux cents personnes devant le magasin. Je me suis dit : « Tiens ! C'est sympa, il y a du monde ! » Puis nous avons été accueillis à l'entrée livraison, pour entrer ensuite dans le magasin, et là, j'ai eu un choc : sur trois étages, c'était noir de monde ! Il y avait deux mille personnes, c'était invraisemblable. Tout le monde hurlait mon nom, on frôlait l'hystérie, ça n'avait aucun sens... J'avais la trouille, je ne comprenais pas : c'est pour moi qu'ils sont tous venus ? Parce que j'ai une chanson en tête du hit-parade et qu'ils m'ont vu chez Guy Lux ?

Quelques mois plus tard, en 1975, je me suis retrouvé à La Part-Dieu, à Lyon, pour une émission de radio de RMC en public où étaient également invités Isabelle Adjani et François Truffaut, qui étaient venus faire la promotion du film *Histoire d'Adèle H.* Autour de nous, des milliers de gens hurlaient : « Dave ! Dave ! » et Adjani a dit à Truffaut, devant moi, et avec beaucoup de mépris :

— Allez, on s'en va, qu'est-ce qu'on fait là ? Ils sont là pour ce chanteur.

— On a une émission de radio, on la fait, a répondu Truffaut.

Puis il s'est penché vers moi et m'a dit :

— Vous avez une très bonne tête. Je vous verrais bien faire du cinéma.

Sur le moment, ça m'a fait très plaisir. Il n'a jamais donné suite, heureusement pour lui, sinon il aurait eu l'occasion de découvrir que je suis un piètre acteur, comme je l'ai montré plus tard dans la série *Dickie Roi* à la télévision, mais c'est une autre histoire.

Les réactions excessives que j'ai pu rencontrer auprès des fans au cours des années soixante-dix m'ont intrigué un instant mais très vite on s'y habitue et la peur s'en est allée : j'ai compris que ces gens, fondamentalement, me voulaient du bien. C'est plutôt pour eux que je m'inquiétais ! Les mouvements de foule peuvent être très dangereux... L'hystérie a toujours provoqué chez moi une totale incompréhension : quand je vois à la télévision des gens de tous âges crier, hurler, s'exciter, que ce soit dans un jeu télévisé, un match de foot, une manif, ça me dépasse. Je ne m'imaginerais pas un instant, dans une salle de concert, en train de crier. Je n'ose même pas ! Pas du tout par crainte que l'on me reconnaisse, mais par timidité. Quand un chanteur, sur scène, demande que l'on chante avec lui, je suis incapable de le faire. Moi, je chante sur scène mais pas dans la salle. Pour cette raison, même si j'étais anonyme, je n'oserais jamais monter sur scène pendant le spectacle d'un autre : parfois, l'artiste qui se produit invite des spectateurs à le rejoindre. Je ne pourrais pas quitter ma place ! Je suis spectateur ou artiste, l'un ou l'autre, jamais les deux ! Et pourtant, je suis le premier à solliciter la participation du public quand je donne mes galas, en usant de toutes les ficelles pour parvenir à mes fins ; je me demande comment je réagirais si j'étais le spectateur de l'un de mes propres concerts !

Manifester bruyamment mon enthousiasme, ce n'est pas mon truc. Peut-être est-ce une trace de mon éducation protestante. Avec Patrick, nous avons été un soir applaudir la Québécoise Diane Dufresne. J'ai adoré : c'était un de ces concerts qui me faisaient douter de ma légitimité d'être sur scène. Pas très confortable comme réflexion quelques mois avant de faire l'Olympia... Ce soir-là, elle a donné à l'Élysée-Montmartre un des spectacles les plus forts que j'aie vus de ma vie. Je me souviens du moment où elle a dit au public : « Vous, les Français, c'est comme quand vous faites l'amour. Quand c'est fini, vous dites que c'était formidable mais pendant l'acte rien ! C'est maintenant que je veux vous entendre ! » Elle n'aimait pas qu'on l'écoute sagement et qu'après on l'acclame très fort. Elle voulait qu'on crie pendant ! J'en aurais été bien incapable, mais j'ai trouvé ça très impertinent et pertinent à la fois.

Parfois, cependant, les manifestations d'adulation du public peuvent être flippantes. Je me souviens d'une attachée de presse de ma maison de disques traumatisée par la foule qui bloquait la limousine après une émission de télévision à Cannes : impossible d'avancer, les visages des gens s'agglutinaient sur le pare-brise et les vitres, comme des trognes que l'on aurait dites tirées d'un tableau moyenâgeux de Jérôme Bosch. Elle a éclaté en sanglots tellement elle était angoissée !

En ce qui me concerne, j'ai trouvé cela très vite normal et j'ai appris à gérer les scènes d'hystérie. Évidemment, ça me flattait. Aujourd'hui encore, quand des fans se pressent autour de moi pour obtenir un autographe, j'en tire un certain plaisir, dont la vanité est presque totalement absente. C'est juste rassurant. Dans ces moments-là, j'ai comme l'impression d'être quelqu'un d'autre. Souvent, sur scène, cela m'arrive aussi. Je me dédouble. Je suis à côté de moi et je me regarde.

À mes débuts, quand certains journalistes m'exprimaient leur étonnement en écoutant mes propos plutôt sereins et me félicitaient presque en me disant : « Toi au moins, tu n'as pas la grosse tête », je leur répondais, sur le ton de la boutade, que je trouvais que je chantais très bien depuis longtemps et que ce n'était pas parce que beaucoup de monde, maintenant, le pensait aussi, que ça allait me changer. Ce qui est encore bien plus prétentieux ! Mais j'avais déjà trente ans et probablement un peu de recul. C'est pourquoi je suis plutôt indulgent avec les mômes sortant de la Star Academy et autres du Loft qui se la jouent parce qu'ils ont du succès. Ils ont à peine vingt ans. Ils ne peuvent pas avoir la maturité nécessaire pour gérer ce qui leur arrive ; je leur souhaite seulement de bien retomber sur leurs pattes quand la chance aura tourné...

Finalement, il n'y a qu'une chose pour laquelle je suis resté – et c'est honteux – un vrai gamin. C'est ma Mercedes. Il m'arrive encore de me regarder dans les vitrines des magasins pour voir quelle fière allure j'ai. Ça va faire bientôt trente ans pourtant ! Un vrai réflexe de môme... Ce qui tendrait à prouver que je suis resté un grand enfant, une idée qui ne me déplaît nullement.

4

Cambrioleur

Quand j'étais jeune, l'idée de réussite matérielle m'était totalement étrangère. On aurait annoncé à l'adolescent Wouter Levenbach : « Dans quarante ans, tu seras attaché à ta propriété dans le Vaucluse et à ta Mercedes », j'aurais ri aux éclats. Et pourtant mon premier groupe avait un nom on ne peut plus matérialiste puisqu'il s'appelait Dave Rich & The Millionaires. Carrément ! J'avais dix-neuf ou vingt ans, j'écoutais les Beatles, je suivais des cours à la fac de droit ; mon père m'avait acheté une queue-de-pie, parce que, pour l'étudiant à Amsterdam, il fallait trois tenues : celle que l'on porte aux concours hippiques, le smoking, et la queue-de-pie. Du coup, quand j'ai monté le groupe, j'ai décidé de porter ma queue-de-pie avec un tee-shirt noir. Quand j'avais signé mon premier contrat de disque en Hollande avec Decca (aujourd'hui Universal), je leur avais annoncé que mon nom d'artiste était David Rivus Vitae, la traduction en latin de mon nom Levenbach, le « Ruisseau de la vie ». Par retour du courrier, la maison de disques m'a répondu, d'un ton sans appel : « Vous vous appellerez Dave Rich. »

Comme je m'appelais « Rich », je nous ai donc baptisés Dave Rich & The Millionaires.

Comme je l'ai souvent raconté, j'avais choisi David à cause d'un passage de la Bible (II Samuel, 1, verset 26) : David apprend la mort de Jonathan dans un combat contre les Philistins. Dans un psaume, il chante : « Ton amour m'était plus merveilleux que l'amour des femmes. » À quinze, seize ans, quand j'ai lu ça, au moment même où j'éprouvais mes premiers troubles provoqués par l'attirance physique que je ressentais pour les garçons, ça m'a fait un choc ! Il aime plus son copain que sa femme, ce David ? Eh bien, si c'est comme ça, je vais m'appeler comme lui ! En plus il joue de la harpe pour faire oublier ses soucis au roi Saül. Voilà mon idole ! Rien à voir évidemment avec le duo David et Jonathan qui chantait *Est-ce que tu viens pour les vacances* ? à la fin des années quatre-vingt...

À l'époque, c'est mon frère aîné, Maarten, qui me « manageait ». On a sorti un 45 tours et on donnait pas mal de concerts. Le reste du temps, je me consacrais à mes études et à ma « corpo ». Dans les universités néerlandaises, du moins quand je les fréquentais, cela a peut-être disparu depuis, il existait des « corps », en hollandais. En français, vous diriez des « corpos », des groupements par affinités politiques et religieuses. Aux États-Unis et en Allemagne, c'est encore courant, en particulier dans les facs protestantes. Je me suis retrouvé dans la corpo surnommée « rouge, juif, pédé » parce qu'un de mes oncles, socialiste, donc « rouge », juif, mais en revanche pas pédé du tout, en avait été membre avant de devenir prof à la faculté de droit plus tard, ce qui me donnait automatiquement un droit d'entrée. À l'époque, les bizutages étaient très *hard*, une expérience que je ne souhaiterais pas à mon pire ennemi. Nous étions environ deux cents étudiants sortant du lycée. La raison du bizutage, si tant est qu'il faille lui trouver une justification, consiste à remettre à leur place les jeunes gens frais émoulus du lycée qui auraient l'outrecuidance de se prendre au sérieux. J'avoue que c'était mon cas : j'avais passé brillamment mon bac classique. Sur sept cents élèves, nous étions cinq seulement à l'avoir réussi. Quand vous vous retrouvez dans cette situation, au moment d'aller chercher votre diplôme vous avez tendance à vous prendre pour le nombril du monde ! Le bizutage commençait par nous mettre la boule à zéro, avant de tout faire pour nous humilier. Je me souviens d'une scène « fellinienne » : les tortionnaires avaient fait entrer une centaine d'étudiants dans une pièce exiguë avec un sac en papier sur la tête, ils leur avaient ordonné de s'asseoir par terre, puis ils avaient lâché au milieu un cochon enduit de graisse qui hurlait, se débattait, mordait... L'année où je suis entré en fac, il y a eu un mort. Depuis, c'est interdit.

Très vite j'ai délaissé la fac et je me suis mis à fréquenter les boîtes de pédés, gays, dirait-on aujourd'hui. Je michetonnais un peu pour me faire de l'argent de poche. En clair, j'étais en train de me marginaliser totalement. C'est pourquoi je ne me suis pas beaucoup intéressé aux Provos, cette bande d'agitateurs qui ont, aux Pays-Bas, précédé le vaste mouvement de contestation estudiantine de la fin des années soixante. Trois ans avant Mai 68, ils multipliaient les actions d'éclat et ridiculisaient les forces de l'ordre. Je les trouvais rigolos, mais au fond de moi, je m'en foutais royalement. J'avais déjà décidé de quitter mon pays, de vivre comme un Beatnik. Sans me l'avouer vraiment, j'étais entré de plain-pied dans une autre marginalité, plus dure encore que celle des Provos : je fréquentais les putes, les macs, les michetons, les escrocs. J'aurais pu, moi, le fils de bourgeois qui avait grandi dans un milieu cultivé, finir en taule. À vrai dire, il s'en est fallu de peu...

Adolescent, j'avais lu le livre *Another Country* de l'écrivain américain James Baldwin. Selon lui, quand la société vous dit, dans le meilleur des cas, que vous êtes malade et, dans le pire des cas, que vous êtes criminel, vous devez vous construire votre propre morale, puisque vous êtes rejeté. Ce n'était pas tombé dans l'oreille d'un sourd. À vingt ans, ma morale à moi était simple. Tout est toléré sauf le chantage et le meurtre. Quand je suis allé demander mon passeport pour quitter la Hollande, un vieux fonctionnaire de police qui avait du flair m'a dit : « On n'a rien sur vous, mais je suis certain qu'il y a de quoi vous mettre au trou... » Il n'avait pas tort : je venais de participer à l'unique cambriolage de ma vie, à vrai dire parfaitement réussi. Éventuel jeune lecteur, dis-toi bien que je ne suis pas fier de ce qui va suivre et que je considère tout ceci comme une immense connerie que j'aurais pu payer très cher !

Le vendredi et le samedi soir, avec ma guitare, je faisais la manche dans une pizzeria à Amsterdam où tout le monde me connaissait : le patron, les serveurs, ça se passait très bien. Un soir, dans une boîte de pédés que je fréquentais, l'un des garçons italiens, qui servait dans le restaurant et dont j'ignorais qu'il fût homo, m'aperçoit : « Ah bon ? Tu en es aussi ? »

Il ne me plaisait pas physiquement, mais nous parlons un moment et, sûrement rassuré par notre marginalité réciproque, il me confie : « Je connais un moyen extraordinaire de gagner très vite beaucoup d'argent, mais je ne peux pas le faire seul. » J'étais intrigué.

— Je sais où le patron de la pizzeria cache l'argent de la recette du week-end, avant de le déposer en banque le lundi matin, poursuivit-il. Je sais comment entrer dans le restaurant dans la nuit du dimanche au lundi, mais j'ai besoin de quelqu'un pour faire le guet. Est-ce que ça t'intéresse ? Je te donnerai un quart du magot.

J'ai accepté. L'expérience a été suffisamment éprouvante pour me décider à ne plus jamais recommencer, même si moralement je ne ressentais aucun problème à l'époque. J'ai dû perdre deux ans de ma vie, à cause de la montée d'adrénaline que j'ai subie ! Et pourtant, ça a marché comme sur des roulettes. J'étais devant la pizzeria, faisant semblant de réparer la dynamo de mon vélo. À un moment, j'ai pris peur, parce qu'un minibus blanc de la police municipale d'Amsterdam est passé par là. Je me suis dit que c'était fini, que j'étais cuit : quelqu'un, derrière une fenêtre, avait dû repérer mon petit manège et les avait prévenus. Très calmement, même si j'étais au bord de la syncope, je suis remonté sur mon vélo comme si ma réparation était terminée et je me suis éloigné. Les flics ne se sont pas arrêtés et je suis revenu cinq minutes plus tard. Derrière la baie vitrée par laquelle il était entré, mon complice s'impatientait.

— *Posso sortire*, je peux sortir ?

— Oui ! La voie est libre, viens !

Tremblants d'excitation et de peur, nous sommes allés dans un petit hôtel où l'on a compté les sous. Il m'a effectivement donné le quart de la somme et, avec cet argent, je me suis acheté ma première voiture, une Fiat avec laquelle (y aurait-il une justice ?), peu de temps après, j'ai eu un accident monstrueux en Italie, au point d'être interdit de séjour pendant de nombreuses années, sans le savoir, d'ailleurs.

Comme tous les étés, depuis l'âge de quatorze ans, je partais en effet en vacances en Italie, où les jeunes du village dans le Trentino, dans le Nord, m'attendaient pour faire la fête. J'avais appris la langue en buvant de la grappa, ça marche pas mal ! Au début j'y allais avec mes parents, après avec mon ami Flip, puis, l'année fatidique de ce cambriolage, pour la première fois en voiture. Tous les soirs ou presque nous faisions le tour des dancings du coin avec mes copains de Caldonazzo. Ce soir-là nous étions huit, serrés comme des sardines dans ma petite voiture : quatre devant, quatre derrière. Légèrement *allegro*, j'ai perdu le contrôle de la voiture et suis rentré dans le mur : un copain a eu les deux jambes broyées, un autre a eu le nez arraché, et le pire, c'est que je n'étais même pas assuré (je vous rassure, je les ai tous revus, ils vont bien, merci). Ce n'est que des années après, parti faire une émission de télé là-bas, que je me suis rendu compte que j'étais interdit de séjour à vie en Italie ! La police de l'aéroport de Fiumicino-Rome m'a tout simplement refoulé ; il a fallu l'intervention des avocats de ma maison de disques pour régler l'affaire, sinon il m'était impossible de participer là-bas à la moindre émission ou même de m'y rendre pour mon plaisir.

Mon père n'a pas été étonné que j'aie soudainement les moyens de m'acheter une voiture. Il avait d'autres soucis : mes parents étaient en plein divorce. Comme si de rien n'était, pour ne pas éveiller les soupçons, je suis retourné chanter dans la pizzeria après le cambriolage. Mon complice a continué à y travailler une quinzaine de jours avant de prétexter un problème familial pour rentrer chez lui en Italie. Je me souviens très bien du montant de notre fric-frac : 6 000 florins, environ 100 000 francs de l'époque ! Vendredi, samedi, dimanche : trois jours de recette, une belle petite somme...

Quand le vieux flic qui tamponnait mon passeport m'a fait cette réflexion, je me suis demandé ce qu'il savait. Cela dit, je ne pense pas que j'aurais mal tourné. Je me suis seulement retrouvé, pendant une brève période de ma vie, dans un monde marginal. C'est une question de rencontres : plus tard, quand je faisais la manche à Marseille et qu'une petite michetonneuse eurasienne m'a proposé d'être son « protecteur », je n'ai pas envisagé un instant de lui céder : j'étais chanteur, et basta !

Un psychanalyste vous dirait sans doute que je vivais mal la séparation de mes parents et la révélation de mon homosexualité. Que j'étais en pleine révolte, que je traversais une phase de rejet de la société, contrairement aux Provos, que je voyais comme des fils de bourgeois voulant, eux, détruire la société pour la reconstruire en mieux. Mon idole était plutôt François Villon, poète et voleur...

Je voulais être en marge, me démarquer, sortir du lot. Je l'avais compris un soir en me rendant à un concert des Blue Diamonds, un groupe d'Ambonnais qui avait vendu un million de 45 tours en Hollande et en Allemagne au milieu des années soixante avec *Ramona.* C'étaient des garçons originaires d'une île d'Indonésie nommée Amboine ; la situation des Ambonnais en Hollande est comparable à celle des harkis en France. Quand l'Indonésie a connu sa guerre d'indépendance, cette île a voulu rester hollandaise et ses habitants ont choisi de s'enrôler dans l'armée néerlandaise. Après l'indépendance, beaucoup ont été massacrés, certains sont parvenus à fuir aux Pays-Bas. Au cours de cette soirée, sur huit cents personnes, les Ambonnais n'étaient qu'une poignée : les Blue Diamonds et leurs compatriotes. Eh bien, ce soir-là, je voulais être ambonnais. Je voulais être avec eux, avec la minorité.

Dans mon premier livre, j'ai longuement raconté mon adolescence. À la réflexion, il est clair que j'étais un « petit con ». L'exemple type du gamin qui a eu une enfance heureuse, dont le monde s'est écroulé lors du divorce de ses parents et qui, pour se venger, multiplie les bêtises. Un beau jour j'ai décidé qu'il fallait que je m'en aille. Les membres de ma corpo étaient très engagés politiquement et me demandaient de participer à leur mouvement. J'ai répondu que ça ne m'intéressait pas et que je partais à l'aventure, pour mener une vie de Beatnik. Je n'ai pas regretté ce choix : la liberté !

Même s'il y avait un prix à payer : l'incertitude...

Je suis donc parti sur les routes, ou plutôt sur les canaux. À bord de notre bateau de pêche, j'ai traversé la France avec le garçon que j'aimais et, si un jour j'ai signé un contrat avec une maison de disques, c'était plus par dépit amoureux que pour satisfaire je ne sais quelle ambition ! Je vais vous la raconter. Je ne connaissais rien au petit monde de la variété française et j'avais d'autres rêves que de me retrouver dans l'univers de *Salut les copains.* Depuis l'age de quatorze ans, je chantais de la variété anglo-saxonne ; les idoles des teen-agers américains : Elvis Presley, Paul Anka, les Everly Brothers, Ricky Nelson, Neil Sedaka, Brenda Lee sans oublier, en Grande-Bretagne, Cliff Richard et – évidemment ! – les Beatles. Quand j'ai commencé à faire la manche en France, par exemple aux terrasses des cafés à Saint-Tropez, je chantais *Yesterday* des Beatles et *Runaway* de Del Shannon – qui est devenu *Vanina*, quelque sept ans après. En français, je ne chantais qu'une chanson : *Le Déserteur*, de Boris Vian, que je connaissais par Mouloudji, dont la chanson *Un jour tu verras* fait toujours partie de mes préférées. Plus jeune, dans les années cinquante, j'aimais Frankie Laine et Johnny Ray, des chanteurs à voix. Au début des sixties, mon idole serait Roy Orbison, dont Bruce Springsteen, l'un de ses grands fans, a déclaré qu'il était un « rockeur lyrique » !

À Saint-Tropez, durant l'été 1966, plusieurs personnes dont j'ignorais totalement l'importance dans le show-biz (par exemple Eddy Barclay) m'avaient abordé en me disant : « Le jour où vous voulez faire un disque, venez nous voir à Paris », mais je ne les avais pas pris au sérieux. « Tu es formidable ! Avec la voix que tu as, tu pourrais devenir une vedette, il faut que tu saisisses ta chance ! » J'étais loin de tout ça. La vie que je menais me convenait, même si tout n'était pas parfait. Je leur répondais que j'étais très flatté mais que ça ne m'intéressait pas, que je voulais continuer à voyager avec mon ami. J'aimais ma vie de Beatnik : on croyait que c'était de ma part une astuce pour avoir des propositions de contrats mirobolants. Ce n'était pourtant que la « vérité vraie »...

J'étais éperdument amoureux de Joost, un garçon qui n'était pas « de mon bord ». J'étais persuadé qu'un jour ou l'autre j'arriverais à le convertir... Notre histoire a duré des années, mais je ne suis jamais parvenu à mes fins : notre amour a toujours été platonique. Passer à l'acte était impossible pour lui. J'étais tellement amoureux que je m'accrochais au moindre signe d'encouragement. Joost a disparu en 2000. Nous étions restés amis et, en écrivant ces lignes, je n'ai toujours pas fait mon deuil sur sa mort, je crois. Il était venu garder notre maison durant l'été, alors que nous étions en studio pour mon dernier album. Brutalement, un cancer du pancréas s'est déclaré ; il est parti en trois mois.

À l'époque, où nous vivions sur notre bateau, je lui demandais : « Tu ne crois pas qu'un jour, peut-être, on pourrait... », il me répondait : « On ne sait jamais... » Sans moi il n'aurait pas eu l'argent nécessaire pour acheter le bateau. J'avais mis les trois quarts de la somme et lui le reste, mais Joost était certainement sincère en me disant cela... Il m'aimait très fort, c'est sûr ; de ma part c'était une amitié amoureuse, de la sienne une amitié tout court. Il était vraiment beau. Pendant son adolescence, il avait été pas mal embêté par les pédés, ayant peut-être une forme de féminité sans être efféminé pour autant, mais ça ne l'attirait absolument pas. C'est un peu comme Patrick, qui à vingt ans me faisait penser en plus beau (!) à Tadzio dans *Mort à Venise.* Lui aussi était incroyablement beau (il l'est resté d'ailleurs, pour moi, en tout cas). Lui aussi se faisait sans cesse draguer par les hommes, mais au moins ça l'intéressait !

Si je suis allé taper à la porte des maisons de disques, ce n'est que pour une seule raison : Joost m'avait demandé de partir. Ça n'allait plus, il ramenait des filles à bord de notre bateau et moi je me morfondais. Un beau jour, il est vraiment tombé amoureux de l'une de ses conquêtes. Pour moi comme pour lui, c'est devenu invivable. Fin 1966, il m'a dit : « On ne peut pas continuer comme ça. » Je lui ai répondu qu'il avait raison ; j'ai fait ma valise, j'ai pris ma guitare et je suis « monté » à Paris.

Quand j'ai quitté le bateau, je me suis demandé, comme dans la chanson de Bécaud : « Et maintenant, que vais-je faire ? » J'ai pris rendez-vous avec Eddie Barclay. Il se souvenait de moi et sa proposition tenait toujours. J'étais beatnik, j'écrivais mes chansons, tout comme Polnareff, qui venait d'exploser avec *Love Me Please Love Me* et *La Poupée qui fait non* pour une autre maison de disques. Barclay s'est donc mis en tête de faire de moi le Polnareff maison, en me confiant à son arrangeur, l'excellent Jean Bouchéty. On m'a envoyé dans l'un des meilleurs studios londoniens. Mes chansons ne parlaient que d'une chose : mon impossible amour pour Joost. Je t'aime, tu ne m'aimes pas : des millions de chansons sont construites sur ce dilemme. Avec ma tête d'aventurier, je me suis pointé à la réunion de promotion qui, chez Barclay, avait lieu traditionnellement le lundi.

— Ce garçon a une bonne tête, on va jouer sur

le fait que c'est un vrai beatnik. Il voyage, il a vécu sur un bateau, il a fait la manche dans les ports, c'est une bonne histoire à raconter.

De fait, j'ai commencé à avoir pas mal d'articles dans les magazines. J'avais souvent l'impression qu'on ne croyait pas un quart de ce que je racontais, d'ailleurs. Je me souviens toujours de cette journaliste qui me faisait dire « que je connaissais mieux la route de Marseille à Toulouse dans mon trois-mâts que celle de Marseille à Paris par la route ». C'est comme ça qu'on passe pour un con auprès de ses camarades dans le port : il est totalement impossible de naviguer avec un trois-mâts sur le canal du Midi. J'ai vite compris qu'il faut exiger de relire les articles pour éviter ce genre de bêtises...

Chez Barclay, on m'annonçait qu'il ne me manquait plus qu'une grosse émission de télé pour décoller vraiment. Les attachées de presse s'étaient mises à pilonner Nanou Taddei, la programmatrice de l'émission de Raymond Marcillac, Le Jeu de la chance, qui à l'époque a fait démarrer certains artistes.

Mai 68 est arrivé, l'émission s'est arrêtée et je suis retourné à la case départ.

Au début, Eddie Barclay croyait en moi, en tout cas il me le disait. Mais après mes deux premiers 45 tours, sortis en 1968, comme il ne se passait rien, son intérêt est quelque peu retombé. Barclay sortit encore quelques singles, sans grand espoir, jusqu'en 1971, y compris une chanson de la comédie musicale *Godspell* qui, sur scène, était interprétée par Grégory Ken, futur Chagrin d'Amour : *Préparez le chemin du Seigneur.* L'année d'avant, l'une de mes chansons, *La cigarette qui brûle mes doigts*, était pas mal passée en radio, mais globalement ma carrière n'en était pas une. Je végétais, sans en éprouver pour autant la moindre amertume, puisque je continuais à mener la vie que j'aimais.

Contrairement à Gainsbourg, le fait de voir mon nom ou ma photo dans les magazines ne me faisait aucun effet. Serge, à la parution du premier article le concernant, en 1958, à l'époque du *Poinçonneur des Lilas*, avait eu le geste un peu enfantin de prendre une gomme pour effacer son nom. Il n'y était pas arrivé : pour lui, comme il me l'a raconté, c'était comme une seconde naissance. Tout à coup, il existait ! Pendant des années, entre 1968 et 1971, j'ai eu des dizaines d'articles dans la presse, sur le mode « On en entendra parler », « C'est l'espoir de demain »... Mais ça me laissait complètement indifférent. En revanche, la première fois que j'ai aperçu ma gueule sur une affiche, j'ai eu un choc. Ça se passait lors de ma première tournée d'été en « vedette anglaise », comme on disait à l'époque, de Nana Mouskouri ; j'étais au volant d'une voiture et j'ai failli me planter dans un arbre ! J'ai trouvé ça « marrant », comme j'ai trouvé marrant de recevoir mon premier chèque d'une maison d'éditions musicales, le jour où Nicoletta m'avait pris une chanson. Tout à coup, ce qui était depuis l'âge de douze ans mon passe-temps favori me rapportait de l'argent. Rien à voir avec ce que je récoltais en faisant la manche, quand j'avais pourtant la sensation de gagner mon pain à la sueur de mon front !

Quand j'y réfléchis, je suis sans doute un exemple déplorable pour les jeunes générations. Je n'ai jamais eu de vrai travail, hormis un boulot de nuit quand j'étais étudiant, dans une usine de plastique qui fabriquait des seaux, où je suis resté trois semaines et où j'étais à peu près aussi compétent que Jacques Tati dans la fabrique de tuyaux en caoutchouc de *Mon oncle*... Avant cela, quand j'étais encore au lycée, j'avais vaguement bossé dans une imprimerie, pour me faire un peu d'argent de poche. Mais travailler, dans le sens traditionnel du terme, je ne connais pas. Ce qui ne signifie pas que je manque de courage ou que je recule devant l'effort, au contraire ! La chose la plus difficile que j'ai faite dans ma vie remonte à l'été 1974, quand j'ai eu la chance de jouer dans *Ubu Roi* au Festival d'Avignon. *Trop beau* était sur le point de sortir, quand Antoine Duhamel, membre du conseil d'administration de la SACEM et compositeur de musique contemporaine et de bandes originales de films, m'a présenté à Georges Wilson, qui allait mettre en scène, dans une nouvelle version musicale, la pièce d'Alfred Jarry. Duhamel et moi avions déjà travaillé ensemble auparavant sur une musique de film. Il m'avait donné la partition et une petite maquette de quelque chose de quasiment inchantable. Je n'avais pas osé lui avouer que je ne lisais pas ou à peine la musique ; je la déchiffre tout juste, mais très très lentement. Malgré cela, entre la maquette et la partition, je m'en étais bien tiré et il avait repensé à moi pour *Ubu Roi.* Cette fois, quand il m'a confié les partitions et que je me suis aperçu que c'était de la musique contemporaine, totalement atonale, j'ai pris peur. Duhamel allait s'apercevoir de la supercherie, ce n'était pas possible autrement ! Du coup, comme les répétitions commençaient à 9 heures du matin au théâtre Mogador, j'allais chez une répétitrice de

7 heures à 8 heures et demie, et je bossais. Toute l'équipe n'y a vu que du feu. Cette fois-là, je peux dire que j'ai travaillé d'arrache-pied, bien pire qu'un « nine-to-five », comme disent les Anglo-Saxons.

Par comparaison, à la charnière des années soixante/soixante-dix, je glandais royalement. Comme mes disques ne me rapportaient rien, j'avais repris ma guitare et le chemin des terrasses ou des arrière-salles des troquets. J'avais mis au point avec mon ami Charles Brutus McClay un petit tour de chant. À l'époque, je picolais pas mal parce que j'étais malheureux, toujours pour la même raison : j'avais quitté Joost, il vivait sur ce bateau qui représentait tant de choses pour moi, et moi, j'étais seul, sans vie sentimentale qui vaille la peine d'être mentionnée. Alors je buvais plus que de raison, il m'arrivait même souvent d'être ivre mort les deux soirs de la semaine où on travaillait, les vendredi et samedi soir : je me soûlais la gueule au calvados et je pleurais souvent. Quand j'étais bourré, je draguais des hétéros et, comme ils me refusaient évidemment (pas toujours...), je m'effondrais.

Le jour où j'ai rencontré Patrick, j'avais déjà bu une dizaine de calvas. Sinon je n'aurais jamais osé lui parler. Pour raconter la suite, je préfère que vous écoutiez sa version. Comme disent les animateurs, « on se retrouve juste après » !

Le récit de Patrick, deuxième partie

J'ai passé mon adolescence dans une banlieue pavillonnaire, à quelque vingt kilomètres de Paris, près de la forêt de Sénart, où, après des études assez ternes, c'est-à-dire pas très brillantes, j'ai finalement obtenu mon bac avec la mention passable... pas de quoi pavoiser. Mes parents n'ayant pas vraiment souhaité encourager concrètement ma vocation artistique de dessinateur – la seule activité pour laquelle j'avais un petit don –, je me suis vu dans l'obligation de passer très vite à la vie active. J'ai d'abord trouvé un job rue de Seine, à Paris, chez Janie Pradier, une boutique de design et de gadgets très en vogue à la fin des années soixante. Je bossais cinq jours par semaine de 10 heures à 19 heures, ce qui me laissait peu de temps pour les regrets et les états d'âme. De plus, j'ai sympathisé là avec une certaine Laura, vendeuse elle aussi, et qui jouera un rôle non négligeable dans ma vie un peu plus tard. Nanti de ce bac + rien, je me retrouvais plus ou moins larbin à ranger la réserve, passer l'aspirateur et à me coltiner des inventaires à n'en plus finir. La vente, c'était la récré, à côté.

Mai 68, en raison des troubles entraînés dans le passage des examens, m'avait sûrement favorisé pour l'obtention du bac, mais ne m'avait pas le moins du monde concerné. La signification et les implications de ce qui se passait au Quartier latin m'échappaient totalement. Je n'étais qu'un grand gamin perdu dans ses rêves, absolument pas politisé, ne m'intéressant qu'aux disques, à la lecture, très peu aux filles, sauf si elles étaient extrêmement belles... et pas encore aux garçons.

C'est dire que la musique comblait un sacré vide !

Occupant une place à part dans mon existence, il y avait les chansons de Françoise Hardy, dont l'incomparable beauté me bouleversait et, pourquoi ne pas le dire, m'obsédait quelque peu... Elle représentait à mes yeux une sorte de référence esthétique et j'ai appris plus tard que nous étions beaucoup, obscurs ou célèbres, à la trouver sublime.

En vrai fan de base (que j'avoue être encore), je fantasmais autant sur la lointaine présence de sa voix que sur le visage illustrant les pochettes de ses disques.

Malgré cette monomanie, j'aimais aussi écouter pas mal d'autres artistes : assez peu de variété française (à part ce qui passait à la radio) et beaucoup de pop anglaise, les Stones, les Beatles, Marianne Faithfull et plus tard Cat Stevens et Elton John, un peu comme tous les ados de cette époque.

Un jour de 1970, un client qui se trouvait être aussi le directeur de la boutique Saint Laurent Hommes, ouverte depuis peu rue de Tournon, à deux pas, me fit la proposition tout à fait décente de travailler pour lui. J'acceptai. Le temps de donner mon congé à Janie Pradier, un mois après, je vendais des fringues de luxe, et ce, grâce au fait que mon anglais n'était pas trop mauvais. Comme quoi le bac, finalement...

Dans cette toute petite boutique sur deux niveaux, j'ai vu défiler le monde entier, de Peter Sellers à Paul et Linda McCartney, en passant par Anthony Perkins, Charles Bronson, Jules et Joe Dassin, Louis Aragon ou Mélina Mercouri, qui venait parfois sans son Jules et qui me lançait en roulant les « r » : « Chéri, je meurs de soif, va me chercher un verre d'eau, veux-tu ? » en s'effondrant dans un fauteuil comme la tragédienne grecque qu'elle était. Plus discrète, Romy Schneider et son mari de l'époque, qui devait se suicider quelques années après, Mireille Darc et sa silhouette incroyable, et, cerise sur le gâteau, la divine Greta Garbo en personne. Cinéphile impénitent, j'étais tellement saisi de la voir « en vrai », même vieillie et sans artifice, que j'ai cru halluciner. Je suis même allé jusqu'à me demander si je n'allais pas garder ce chèque signé Greta Gustaffson et mettre l'équivalent en liquide dans la caisse. Malheureusement, je n'avais pas vraiment les moyens de satisfaire ce caprice fétichiste. En bref, je ne m'ennuyais pas. Il est vrai qu'on peut avoir d'autres ambitions que de vendre des cravates et des chemises, fût-ce chez Saint Laurent, mais je me suis surpri. à y trouver un certain intérêt, voire un plaisir certain. Mon sens esthétique y trouvait d'une certaine façon son compte : vêtements somptueux, *beautiful people*, et mon patron, Pierre Bergé, était un bon patron. Je fus du reste très vite augmenté. À croire que je ne devais pas être si mauvais dans cette activité pour laquelle je n'avais pas la vocation.

Puis vint ce jour très froid et très gris de février 1971 où, déprimé par une histoire sentimentale qui me faisait filer un mauvais coton, je me suis laissé traîner de force par mon amie Laura dans un « lieu de perdition », le *Who's Bar*, au bas de la rue Saint-Jacques. Exactement le genre d'endroit que j'évitais d'habitude : bruyant, enfumé et mal famé. Mais Laura m'avait assuré que ça me changerait les idées et qu'il fallait que je me secoue un peu... musique assourdissante, atmosphère étouffante, des gens qui dansent, qui boivent, s'affalent, discutent en hurlant pour parvenir à se comprendre. Pour moi, l'horreur. En principe, à minuit, ça se calmait un peu. Il y avait une attraction « live » dont on m'avait déjà parlé et qui était censée valoir le détour : un certain Dave et son complice Charles Brutus McClay, s'accompagnant tous deux à la guitare pour revisiter à leur façon des tubes pop et des standards anglais et américains.

Minuit pile : la mignonne disc-jockey de la boîte prit sa pause et je compris que les duettistes allaient arriver. En fait, je ne vis arriver qu'une seule personne sur les deux annoncées : une sorte de Beatnik blond, guitare en bandoulière, et sans son compère. Il commença à chanter, plutôt bien et d'une voix puissante, des titres comme *Tired Of Waiting For You* des Kinks, *California Dreaming* des Mamas and Papas, ou *Runaway* de Del Shannon. Et d'autres choses qui me parlaient moins... Vu l'état dans lequel j'étais, c'est-à-dire pas au mieux, le fait que j'avoue à Laura que je trouvais ça « pas mal » était bon signe. Il y avait chez ce chanteur une sorte d'insolence qui aurait pu m'agacer, sûrement parce que je me sentais moi-même emprunté et mal dans ma peau, mais je trouvais qu'il fallait être sacrément gonflé pour chanter dans un endroit pareil et dans de telles conditions.

Son tour terminé, interrompant lui-même les ovations sous prétexte que « plus on applaudit et moins on paye », il descendit dans l'assistance avec une soucoupe. Sans être passé près de nous, il disparut derrière le bar un moment pour reparaître et s'avancer vers le coin où nous étions assis, ma copine et moi. J'ai compris à la façon dont ils se parlaient qu'il la connaissait de vue ; rien que de très normal dans la mesure où, contrairement à moi, elle sortait souvent. La musique assourdissante ayant repris, quelques bribes de leur conversation en anglais me parvenaient sans me surprendre puisque Laura est anglo-française.

Il finit par m'adresser la parole, en anglais également, et je réponds sans changer d'idiome... Le dialogue ainsi engagé se poursuit un certain temps, jusqu'à ce qu'on réalise l'un et l'autre que ce serait peut-être aussi simple de passer au français, même si lui est d'origine hollandaise, ce que j'ignorais jusque-là. Ce que j'ignorais aussi, c'est qu'en fait Dave n'était venu parler à Laura que pour pouvoir m'aborder. À vrai dire, je me trouvais si peu intéressant et si peu attirant que ce genre de pensée ne m'effleurait même pas. On échange quand même quelques informations sur nos vies respectives. J'apprends ainsi qu'il partage un appartement avec son copain absent ce soir-là, Charles Brutus, et qu'en fait nous habitons à deux pas l'un de l'autre, que nous faisons nos courses au même marché de la rue Mabillon, mais lui, l'oiseau de nuit, tard l'après-midi, et moi, l'oiseau de jour, tôt le matin avant d'aller bosser. Ce qui explique sans doute qu'on ne se soit jamais croisés.

De toute façon, le grand sentimental que j'étais, tout entier préoccupé par son grand amour ténébreux, n'aurait sûrement pas remarqué ce petit blond. Pas de coup de foudre, donc. J'aime ailleurs et, si j'en crois ses premières confidences, lui aussi. Parfait ! Pas l'ombre d'un malaise ou d'un malentendu. Il m'offre de me raccompagner chez moi, puisque je m'apprête à rentrer à pied et que lui est en voiture. D'accord. Dire que sa voiture tombe en miettes serait très en dessous de la vérité. Le fait qu'elle roule encore tient tout simplement du miracle, on voit le sol défiler sous ses pieds à travers d'énormes trous dans la tôle rouillée, et le siège avant du passager (la place du mort, donc) est retenu au plafond par une ficelle. En bas de chez moi, il me demande poliment de venir prendre un Coca chez lui, à deux minutes. J'ai horreur du Coca mais pourquoi pas, après tout ? Je suis vivant, c'est déjà ça. Arrivé dans son appartement, poutres apparentes et un certain confort pour un type qui fait la manche, on discute encore un peu, pas trop longtemps, je bosse demain, moi...

Il me chante une jolie ballade en français, qu'il a écrite pour son grand amour. C'est très touchant et ça vient démentir quelques regards que même le jeune naïf que je suis trouve ambigus. Allez, je me sauve, à bientôt ! Et me voilà dans la rue... Je tombe de sommeil, dans deux minutes je serai chez moi.

Ce qui m'a poussé à retourner au *Who's Bar* le lendemain, je n'en sais trop rien. Disons que j'étais troublé et que j'avais besoin d'être sûr que la situation (pour autant qu'il y en eût une) était claire... elle ne l'était pas ! Cette fois j'étais venu seul. Exprès, sans doute. Lorsqu'il m'a aperçu, j'ai cru deviner dans son regard qu'il n'était pas mécontent de me revoir. Ce soir-là, c'était un samedi, et après sa prestation au *Who's Bar*, Dave filait pour une heure faire son numéro dans une crêperie de la rue Saint-André-des-Arts, toute proche. Il me fit bien comprendre qu'il allait revenir et me demanda l'air de rien, juste avant de prendre l'escalier qui montait vers la rue Saint-Jacques, si j'aimais les hommes... Je répondis : « Qui sait ? »

Quelques mois après mon premier et unique coup au cœur masculin dont la marque était toujours vive, je n'en étais pas absolument certain, ce qui prouve que je me connaissais encore assez mal...

Je restais donc là à écouter la musique, déjà habitué à la fumée et au bruit qui m'empêchait de penser. J'étais bien. La disc-jockey, à qui j'avais réclamé un de mes disques préférés du moment, me fit entendre, outre le morceau que j'attendais, qu'elle voulait bien rentrer avec moi « après le service »... Décidément, la pénombre m'allait bien au teint. Je croulais littéralement sous les propositions ! Deux d'un coup après cette longue période de fidèle abstinence ! Mais qui allait me faire pencher d'un côté plutôt que de l'autre ? Elle ou lui ? Dave revint plus rapidement qu'il ne l'avait dit (il me confia ensuite qu'il avait ce soir-là « expédié » son tour de chant). Nous avons parlé encore un moment puis je me suis de nouveau laissé raccompagner dans la voiture en ruine... Et tant pis pour la jolie disc-jockey, qui avait déjà tout compris.

Ce n'est pas encore ce soir-là qu'il se passa « quelque chose » mais rendez-vous fut pris pour le lendemain chez moi, à l'heure du thé. Je précise que, pour ma part, c'était en tout bien tout honneur, ne me sentant pas disponible sur le plan sentimental et présumant qu'il en était de même pour lui. À l'heure convenue, quelqu'un a sonné et j'ai ouvert la porte à un clown en pantalon écossais rouge, aux longs cheveux exagérément gonflés par un brushing appliqué... et raté. Tout était *too much*, mais l'effort était vraiment attendrissant. Ce regard bleu et ce sourire candide dans un visage rasé de près étaient à mille lieues du chevelu négligé et sûr de lui de la veille, sur son lieu de travail, où il m'avait semblé remarquer qu'il carburait au calvados. C'est à ce moment-là que je me suis senti troublé. Dans mon mini-studio, peu de meubles, pas de sièges, juste une table basse et un grand lit, ce qui facilite les rapprochements lorsqu'ils sont souhaités. J'ai préparé le thé que j'ai sucré au miel, faute de sucre. Le temps pour moi d'aller changer un disque, il avait déjà vidé sa tasse. Je n'ai pas dit « bu » mais « vidé ». Il m'a avoué plus tard que c'était dans la terre de mon philodendron qu'avait fini le thé au miel, qu'il détestait autant que moi le Coca. À la télé, juste au bout du lit, Vittorio De Sica était l'invité d'une émission du dimanche après-midi d'alors, et ce cher Vittorio a assisté sans le savoir au début d'une longue histoire.

Rien cependant ne pouvait laisser supposer que ce que je considérais comme une parenthèse n'allait pas se refermer tout de suite. Ma relation à moi, essentiellement épistolaire, se poursuivait malgré tout, et le retour de l'ami américain était annoncé pour dans deux ou trois mois. De plus, j'avais compris que l'amour platonique voué par Dave à ce Joost que je ne connaissais pas encore n'avait pas empêché une ribambelle de jeunes gens de défiler dans son lit. Je n'étais donc qu'une nouvelle conquête parmi d'autres, rien de plus. Et c'était bien ainsi. Quoique... On finit parfois par s'attacher et, quelques semaines après, je suivais Dave jusqu'à Lyon, où Joost et sa compagne Louise se trouvaient, sur le bateau avec lequel les deux amis avaient autrefois quitté la Hollande. Les présentations furent faites. Le froid était sibérien, mais l'accueil chaleureux. Joost et Louise, tous deux d'une grande beauté, formaient un couple magnifique et Dave, content de me « montrer » à sa famille de cœur, leur donna l'occasion de découvrir une pauvre chose reniflante et grelottante dans des vêtements trop légers et mouchant sans arrêt un nez virant au violet, plus proche du nain Atchoum que du garçon de *Mort à Venise*, auquel il prétendait que je ressemblais. L'aveuglement des sentiments ajouté à sa myopie déformait un tantinet la réalité.

Les mois qui ont suivi, je me suis senti un peu tiraillé, pris entre deux univers : celui de mon boulot et l'autre, plus marginal (et finalement assez séduisant) où évoluait un être qui avait, contre toute attente, fait irruption dans mon existence... Et aussi un peu dans mon cœur, je l'avoue.

Le directeur de la boutique voyait d'un très mauvais œil les quelques visites que Dave me rendait sur mon lieu de travail. Il était passé un jour accompagné de Brutus, dont l'allure hors normes était assez peu « couture », et j'avais eu droit à des réflexions du genre : « Dites-moi, vos amis dégénérés, il ne faudrait pas qu'ils viennent trop souvent... » J'ajoute qu'il devait l'avoir mauvaise, pour parler de façon triviale, car cela faisait environ un an et demi qu'il essayait de me « coincer » à toutes occasions, sans y parvenir. Il avait également très mal réagi lorsque le bel acteur étranger en tournage à Paris, en venant de façon assez suspecte acheter à peu près n'importe quoi (alors qu'il détestait s'habiller), demandait que ce soit moi qui le serve. Et lorsque, contre toute attente de ma part, ce dernier m'avait subrepticement glissé dans la main un petit papier sur lequel était gribouillé un numéro de téléphone, cela n'avait pas échappé à la vigilance de mon supérieur éconduit. Il avait alors laissé paraître son dépit, en quelques remarques peu amènes sur le vieillissement de l'ex-jeune premier au charme duquel il avait bien vu que je n'étais pas resté insensible. Cela dit, son aigreur était bien compréhensible : jusque-là, malgré mon allure ambiguë, j'avais toujours ressenti une attirance pour la beauté des femmes, ce qui avait occulté, aussi bien pour moi-même que pour mon entourage professionnel ou familial, la séduction que pourraient exercer sur moi certains hommes. Le trouble que j'avais ressenti là devait crever les yeux et ma « normalité » apparaissait soudain des plus douteuses. Je me sentais moi-même déstabilisé, au sens où mon identité sexuelle changeait de camp et où j'étais terrifié à l'idée de passer dans celui des « folles ». Leurs attitudes caricaturales singeant la féminité, leur langage maniéré m'avaient toujours fait fuir cette obscure part de moi-même autant que leurs avances. Seul quelqu'un se situant à l'opposé de tout cela pouvait me séduire. Et me rassurer aussi, bousculant quelques-unes de mes idées reçues : on pouvait être attiré par un être de son sexe sans tomber forcément dans le ridicule de la parodie. Si l'aventure qui s'ensuivit fut d'une discrétion absolue, au sens où je n'en parlais pas, j'avais la sensation que même mes silences me trahissaient, que l'on épiait chacun de mes gestes et les communications téléphoniques que je pouvais recevoir à la boutique. L'ambiance au travail, autrefois détendue, s'était muée en un climat assez lourd...

Le week-end, je devins un habitué du *Who's* et de la crêperie Saint-André-des-Arts, où j'allais assister aux prestations de mon dégénéré préféré et de Charlie Brutus. Lors d'un bref séjour en Hollande, où nous étions partis pour Pâques, Dave me présenta à sa mère, que j'ai aimée d'emblée et qui vivait séparée de son père, que j'avais, lui, déjà rencontré à Paris. Notre relation commençait à devenir « officielle » et considérée par le côté hollandais comme presque « normale ». Restait à faire avaler cette couleuvre à ma famille… Sans m'attarder sur les détails, je peux dire que cela s'est fait progressivement et qu'après une réaction négative assez violente, l'idée a fait son chemin que c'était ça ou rien. La greffe a fini par prendre et tout se passe au mieux depuis longtemps. Mes frères et sœur adorent leur « beau-frère » et ma mère ne tarit pas d'éloges sur lui. La première impression n'est donc pas toujours la bonne… Si cette histoire improbable dure depuis plus de trente ans, en dépit de quelques passages difficiles qui ont mis la relation en danger, rien n'est définitivement acquis pour autant et il serait bien hasardeux de prendre des paris sur l'avenir. J'ai toujours vécu ce qui m'arrivait comme si tout pouvait cesser l'instant suivant.

Quant à demain, j'espère avoir un peu de ce talent dont parlait Brel et qui permet d'être vieux sans être adulte. Sur ce point-là, je sais que mon camarade ne me contredira pas.

5

Godspell

Joost était mon soleil, ma raison de vivre, il était tout pour moi. Je feuillette mes agendas des années 1966 à 1971 et en haut de chaque page figure son nom. Chaque jour que Dieu fait, je l'inscrivais sur chaque page de mes agendas, comme une preuve de mon amour ! Après avoir quitté le bateau, à côté de son nom j'indiquais le nombre de jours passés depuis notre séparation. J'avais bâti une sorte d'autel pour cet amour impossible ; je continuais à aller le voir trois ou quatre fois par an sur le bateau, où qu'il se trouve, jusqu'au fin fond de l'Irlande... En 1971, je continuais à écrire Joost, jusqu'au 17 février. À partir du 18, j'écrivis Patrick/Joost, puis Patrick seulement, puis plus rien : c'était devenu inutile, il était là, l'amour de ma vie !

À l'époque où j'ai rencontré Patrick, je vivais donc avec mon ami Charlie Brutus McClay, le garçon avec qui je chantais au *Who's Bar* et sur les terrasses des troquets, dans un deux-pièces tout à fait coquet du sixième arrondissement. Patrick a quitté son studio de la rue de Tournon pour s'installer avec moi, mais l'appartement s'est révélé impraticable à trois et très vite nous avons déménagé pour la rue Saint-Louis-en-l'Île. La coïncidence a voulu que l'on s'installe très précisément en face de chez Françoise Hardy, dont Patrick est un fanatique absolu, ce qui l'embarrassait considérablement chaque fois que nous la croisions à l'épicerie du coin. Comme Françoise savait qu'il était fan – il avait été l'applaudir tous les soirs à l'Olympia quelques années plus tôt grâce à une invitation permanente offerte par la maman de Françoise, puis elle lui avait signé tous ses albums –, il redoutait qu'elle puisse penser qu'il la harcelait ! Quand on admire véritablement quelqu'un, comme lui, la dernière chose qu'on a envie de faire, c'est de l'importuner...

J'ai encouragé Patrick à vivre de son talent en lui suggérant de dessiner par exemple des pochettes de disques pour la maison Barclay. Bientôt, il a pris rendez-vous avec Pierre Bergé, qui était son patron chez Saint Laurent, pour lui annoncer son départ en lui expliquant qu'il était tombé amoureux et que sa vie prenait un tournant, sans trop savoir où la vie avec moi allait le mener, j'imagine : je n'étais, à vingt-sept ans, qu'un chanteur vivant de quasi-mendicité ! Avec Bergé, ça s'est très bien passé, nettement moins avec le directeur de la boutique, qui ne perdait jamais une occasion de lui faire comprendre que c'était « quand il voulait » et qui voyait s'échapper une proie potentielle...

Et puis l'aventure *Godspell* m'est tombée dessus sans crier gare. À la fin de l'année 1971, je me suis rendu à un casting pour ce que je croyais être la version française de *Jésus-Christ Superstar*, le *musical* d'inspiration pop qui faisait un tabac tant à Londres qu'à New York. Deux ans plus tôt, à cause de ma première tournée d'été avec Nana Mouskouri, j'avais raté les auditions pour *Hair*, la comédie musicale qui avait permis de révéler Julien Clerc, comme chacun sait. J'ai coutume de dire que cette mésaventure m'avait peut-être fait perdre deux ans : dans le rôle interprété par Gérard Palaprat, celui qui chantait *Sodomie*, j'aurais été tout à fait légitime... À mon arrivée au théâtre de la Porte-Saint-Martin, grosse déception : ce n'était pas de *Jésus-Christ Superstar* qu'il s'agissait, mais d'une autre comédie musicale inspirée de l'Évangile selon saint Matthieu. Pour obtenir les droits de *Jésus-Christ*, la productrice Annie Fargue avait dû accepter de monter *Godspell* qui, contre toute attente, fut un gros succès : plus de sept cents représentations sur trois saisons, entre février 1972 et l'hiver 1974, alors que *Jésus-Christ* n'a pas marché chez nous. Nous étions plusieurs centaines de candidats pour dix rôles : cinq garçons, cinq filles. J'ai été choisi, aux côtés d'Armande Altaï, Bernard Callais, Michel Élias et Grégory Ken. Très vite, dès les premières répétitions, nous nous sommes aperçus qu'il y avait entre nous une alchimie particulière, une connivence formidable. Avant que n'arrive le succès, nous étions tous, je crois, parfaitement conscients de vivre un moment important de nos vies. C'est *Godspell* qui m'a permis d'apprendre mon métier, soir après soir pendant plus de deux ans, sans parler d'une rencontre avec un acteur que j'ai oublié de citer et qui se débrouille plutôt pas mal : Daniel Auteuil.

Ma rencontre avec Daniel Auteuil est exemplaire : je crois qu'à un certain moment dans la vie de tout un chacun, on croise des gens dont on sait très vite qu'ils vont intégrer la « famille ». Pas celle dans laquelle on est né, que l'on respecte et que l'on aime, non parce qu'il le faut, parce que ça se fait, mais parce qu'on le ressent profondément, « chromosomiquement ». Non, je parle de la famille qu'on se fabrique au cours de son existence. Dans mon cas, très peu de gens en font partie. Il y a quelques années on pouvait presque les compter sur les doigts d'une main ; depuis, plusieurs sont morts. Il me reste Daniel et quelques autres ; je pense pouvoir affirmer que rien n'a changé depuis notre rencontre, depuis le début de notre amitié : je me considère un peu comme son frère. Comme il est enfant unique, le côté « fraternel » de notre relation est peut-être encore plus important pour lui que pour moi. De surcroît, Daniel n'est pas un homme qui se lie facilement, et je me sens très enrichi par cette amitié qui n'a jamais vacillé, bien au contraire, depuis plus de trente ans...

Nous étions des centaines de postulants pour les dix rôles de *Godspell*, comme je le disais plus haut, puis la sélection s'est affinée, nous nous sommes retrouvés une vingtaine. Très vite Daniel est venu vers moi en m'apostrophant : « Dis donc, tu chantes bien... mais qu'est-ce que tu joues mal ! » Lui, c'était le contraire. Il ne chantait pas faux, mais pas vraiment en mesure. Il a proposé de m'aider à jouer un tout petit peu moins mal... et moi de l'aider à « partir » en mesure. D'entrée de jeu, nous avons formé une équipe et pendant les cinq cents et quelques représentations de *Godspell* auxquelles il a participé, puisqu'il a préféré se faire remplacer ensuite pour la seconde tournée d'hiver de 1974, je lui faisais signe chaque fois qu'il devait démarrer.

Dès les premières répétitions, on est devenus copains, puis inséparables ; lors de la distribution des loges, au théâtre de la Porte-Saint-Martin, au tout début de l'année 1972, on a décidé de s'installer ensemble. Autrement dit, j'ai partagé douze mètres carrés avec lui pendant plus d'un an et demi ; j'avais deux maisons : mon studio, rue Saint-Louis-en-l'Île, et ma loge avec Daniel. Pendant la durée d'une pièce de théâtre, le tournage d'un film, une tournée, on ne peut savoir si la complicité professionnelle se transformera en amitié durable : trente ans après, je crois qu'on peut l'affirmer !

La seule chose que nous ayons ratée, finalement, c'est notre installation dans le Sud. Patrick et moi avons acheté une maison dans le Vaucluse. Daniel avait une propriété dans le Lubéron ; le temps que je fasse creuser la piscine, il avait revendu son mas et s'était acheté un terrain en Corse ! On avait pourtant tout prévu, y compris de partir à la pêche dans les calanques, du côté de Marseille.

J'ai été une vedette avant lui, mais il n'y a jamais eu entre nous la moindre jalousie, alors qu'il est probablement beaucoup plus ambitieux que je ne l'ai jamais été. En 1972, dans la petite rue derrière le théâtre de la Porte-Saint-Martin, il m'a dit un jour : « Je vais bouffer Belmondo et Delon » ; je croyais qu'il blaguait, mais il était parfaitement sérieux. Il est effectivement devenu une immense star du cinéma français. Il n'a pas bouffé ces deux monstres sacrés, il a fait mieux que ça : il s'est imposé avec son propre style, en interprétant des personnages que lui seul est capable de porter à l'écran.

J'ai aussi de l'ambition, naturellement, mais je la crois d'une autre nature que celle de Daniel ; à l'époque de *Godspell*, par exemple, j'avais surtout envie d'éblouir Patrick. Épater celui que l'on aime est un moteur plutôt sympathique, je m'en suis encore fait la réflexion à propos du spectaculaire come-back d'Henri Salvador en 2001-2002 : je me demande dans quelle mesure on ne le doit pas à sa nouvelle compagne. Sa première femme, décédée depuis de longues années, qu'il adorait, l'avait aidé à mener sa carrière avec le succès que l'on sait dans les années soixante ; elle l'avait encouragé à devenir son propre producteur, tant de ses disques que de ses émissions de télévision. Trente ans plus tard, il a peut-être voulu épater, malgré son grand âge, sa dernière conquête : pour elle, il a voulu redevenir une grande vedette, et il y est parvenu au-delà de ses rêves les plus fous !

Je considère que *Godspell* fut une période de vrai, de grand bonheur : on sentait qu'on vivait quelque chose qui ne nous arriverait plus jamais. Je retrouve cet enthousiasme, à des degrés divers, dans le regard des jeunes chanteurs et chanteuses des comédies musicales d'aujourd'hui – et je n'en ai pas raté beaucoup, de *Notre-Dame de Paris* à *Ali Baba.* Au sein de la troupe, nous n'avions qu'une seule ambition : que le spectacle marche pour prolonger notre plaisir d'être sur scène. Il y avait peu de jalousie entre nous, ou alors de petites choses sans importance. J'avais été bombardé assistant à la direction musicale, mon nom était un peu plus grand que celui des autres sur l'affiche et je gagnais par mois quelques centaines de francs de plus que le reste de mes camarades, mais cela ne m'a jamais été reproché. Souvent, dans une pièce de théâtre, il y a les premiers et les seconds rôles. Pas dans *Godspell* : nous étions tous les dix sur scène sans interruption du début à la fin du spectacle. Personne n'avait de rôle plus important que l'autre.

Sauf peut-être Bernard Callais. Il jouait le rôle de Jésus, et pour nous tous, au fil des représentations, il était effectivement devenu une sorte de Messie, aussi bizarre que cela puisse paraître. On ne le confondait pas avec son rôle, mais, un peu plus âgé, il était indiscutablement au-dessus de nous, spirituellement et intellectuellement. Tout se passait comme si nous étions les victimes d'un lavage de cerveau collectif et, chaque soir, les réactions enthousiastes du public accentuaient encore le phénomène... Quant à Bernard, à force d'incarner le Christ, il avait presque fini par y croire ! Jamais il n'avait joué de rôle aussi important, avec autant de succès : il s'épanouissait totalement, il dansait, il chantait, c'était un bon acteur. Et sept cents représentations, réparties sur trois années, ça compte dans la vie d'un homme... À part lui, les seuls interprètes masculins qui savaient vraiment chanter, c'étaient Grégory Ken et moi. Ce qui avait donné lieu à une petite rivalité : quand il interprétait Judas, à la fin du spectacle, Grégory était très convaincant, il est mort beaucoup trop jeune, en 1996, une quinzaine d'années après avoir connu la gloire au sein de Chagrin d'Amour – « Chacun fait-fait-fait/C'qui lui plaît-plaît-plaît », c'était lui ! Puis il avait été durant de longues années la « voix » de Canal+, sans parler de centaines de spots publicitaires... La dernière fois que la troupe de *Godspell* s'est retrouvée au grand complet, c'était pour pleurer le jour de son enterrement...

La question que nous posaient souvent ceux qui n'avaient pas eu le plaisir d'assister à ce spectacle exceptionnel était : « Mais alors, quel personnage incarnais-tu ? » Difficile d'y répondre. Bernard Callais, le chef de la bande-Jésus, nous distribuait les rôles au fur et à mesure. À un moment, Armande Altaï (eh oui ! celle de la « Starac ») jouait Marie-Madeleine, puis la sœur de l'enfant prodigue qu'interprétait Daniel Auteuil, qui, lui, pouvait plus tard personnifier un des apôtres, tout comme moi. Nous jouions dix gamins sur un terrain de jeu/*play-ground* typiquement new-yorkais entouré de grillage, avec les musiciens installés en haut, sur des espèces d'échafaudages. Des chiffons traînaient par terre pour nous permettre de nous déguiser. J'avoue avoir du mal à décrire ce spectacle magique.

On dit souvent que le milieu du théâtre est très licencieux et la troupe de *Godspell*, malgré le contenu évangélique de notre spectacle, n'était certainement pas constituée de moines cénobites et de vierges effarouchées. Mais je n'ai pas souvenir de drames majeurs, en tout cas tant que nous avons joué à Paris. En tournée, c'était autre chose : nous vivions à l'hôtel, il y avait parfois des allées et venues dans les couloirs, des coucheries par-ci par-là. Moi, j'avais Patrick, il m'accompagnait souvent ; j'étais amoureux et à l'abri des tentations. Une nuit, toute la troupe a été réveillée par les hurlements de la femme d'un technicien, arrivée à l'improviste, qui avait surpris l'une des comédiennes dans la chambre de son mari, comme dans les pires vaudevilles. Ça a été très violent, sur le moment. Le lendemain, on en a beaucoup ri.

Pour revenir sur le thème de l'ambition, je n'ai jamais eu celle de révolutionner l'histoire de la chanson française ; je ne laisserai aucune trace et si d'aventure, dans un siècle ou deux, mon nom apparaît dans une encyclopédie, ce sera dans une note en bas de page, parmi quelques exemples d'interprètes populaires des années 1975-2000. Cela dit, je ne fais pas le distinguo, popularisé par Gainsbourg, entre les arts mineurs et les arts majeurs ; j'ai toujours trouvé Serge extrêmement injuste envers certains de ses confrères ; il était sans doute intimement persuadé que ses chansons faisaient partie de la seconde catégorie, même s'il s'en défendait. Je ne peux que l'approuver, en revanche, quand il explique que les arts majeurs nécessitent une initiation, tant pour les spectateurs que pour les artistes. Il est beaucoup plus facile de pousser la chansonnette que d'être un concertiste, une chanteuse lyrique ou une danseuse étoile. Cela exige tellement de travail, de concentration, de don de soi. Avec nos hit-parades et nos rengaines, je nous trouve bien peu de chose, tout cela est plutôt dérisoire. Même si notre civilisation sacralise l'effort jusqu'à l'absurde, jusqu'à donner un statut quasi divin à des virtuoses dont le seul mérite est de maîtriser une technique à la perfection. Quand j'entends Hélène Grimaud interpréter Chopin, les centaines d'heures passées à répéter une sonate n'expliquent pas tout ; il y a aussi une sensibilité, un don artistique devant lesquels je me sens tout petit. Leurs talents sont infiniment plus profonds, plus émouvants que ceux éventuellement requis pour devenir un chanteur populaire. En revanche, je ne tolère pas le snobisme des soi-disant défenseurs de la Culture avec un grand C face aux saltimbanques dans mon genre. Je me souviens d'un incident survenu alors que je faisais la promo de *Trop beau* pour l'ORTF Marseille. Le journaliste m'avait traité comme matière négligeable jusqu'au moment où il avait appris que je venais de participer au Festival d'Avignon dans cette fameuse version avant-gardiste d'*Ubu Roi.* D'un coup, il avait totalement changé d'attitude à mon égard, ayant lu la critique de Jean-Jacques Gautier, de l'Académie française, dans *Le Figaro*, affirmant que j'étais un « acteur étonnant et plein d'avenir ». Cela m'avait fait très plaisir, bien entendu, mais je ne pouvais pas m'empêcher de trouver la situation risible. L'un comme l'autre se foutait éperdument du fait que je vendais 20 000 disques par jour. Avec *Ubu*, pendant quelques semaines, j'ai fait partie de l'élite culturelle. Puis je suis rentré à Paris pour enregistrer *Vanina.* Il est clair que j'avais choisi mon camp !

6

Coming out

Quand je raconte aux jeunes artistes cet âge d'or de la chanson, que j'ai connu dès ma signature chez Barclay, ils ouvrent des yeux comme des soucoupes. À l'époque, lorsqu'une maison de disques croyait en un artiste, elle le soutenait le nombre d'années qu'il fallait. Dans mon cas, j'avais signé pour six ans et Barclay a continué à sortir mes 45 tours, une dizaine au total, y compris une chanson tirée de *Godspell* pour tenter de surfer sur le succès de la comédie musicale, sans le moindre résultat. Après Jean-Pierre Bourtayre et Jean Fernandez, deux directeurs artistiques de grand talent, on m'a confié à Léo Missir, qui avait une excellente réputation. Il me disait : « Ton dernier disque n'a pas marché ? Ce n'est pas grave : quand tu auras de nouvelles chansons à me faire écouter, tu viendras me voir. » C'est ce que je faisais : il écoutait attentivement, il en sélectionnait certaines, en rejetait d'autres, et lorsque nous avions les quatre titres nécessaires pour un EP, on entrait en studio et on les mettait en boîte.

Nous étions, je vous le rappelle, à la fin des sixties : Léo Missir ne me voyait pas comme un interprète avec qui il fallait enregistrer des adaptations de succès étrangers ; pour la maison Barclay, qui publiait à l'époque les disques de Léo Ferré, Jacques Brel, Michel Delpech et Claude Nougaro, j'étais avant tout un auteur-compositeur. Ils trouvaient sans doute mes chansons simplistes, mais jolies, justes, différentes, avec des idées de texte, des idées de mélodie. Missir m'a même encouragé lorsque je suis venu lui présenter la chanson *Copain, ami, amour* avec laquelle j'ai fait mon coming-out longtemps avant que le terme ne soit inventé.

Cela se passait en 1969, année pourtant érotique. *Copain ami amour/je t'aimerai toujours/un amour insensé qui brûle comme un secret/un amour toujours vrai...* La pochette était ambiguë, mais il était évident, pour qui savait tendre l'oreille, qu'il s'agissait d'une chanson d'amour entre garçons. J'avais convaincu Léo en lui expliquant que, selon le rapport Kinsey, il y avait au moins 5 % d'homosexuels dans la population. Rien qu'en France, qui comptait à l'époque cinquante millions d'habitants, ça faisait pas mal de monde. Autant vous dire tout de suite que mon plan marketing a lamentablement échoué, je n'en ai vendu que quelques centaines. La chanson a d'abord été refusée par RTL, qui était à l'époque très proche de l'Église catholique. Je pensais avoir mes chances sur Europe 1, dont la directrice des programmes préférait notoirement les filles aux garçons, mais elle me l'a également refusée. Il ne me restait que France Inter, dont un programmateur, gay, était également danseur au *Moulin-Rouge* à ses heures perdues. Ce dernier avait punaisé la pochette de mon disque dans son bureau, il devait me trouver mignon, mais ne l'a pas plus diffusé que les autres.

En clair, j'étais sorti de mon placard, mais personne n'avait voulu m'écouter !

Je vous parle d'un temps que les moins de vingt ans ne peuvent pas connaître, comme le chante Aznavour dans *La Bohème*, le temps où les maisons de disques n'avaient pas d'objectifs de ventes et d'outils de marketing sophistiqués. Pour faire tourner la machine, il y avait les gros vendeurs et quelques « coups » par-ci par-là ; Eddie Barclay était très fort à ce petit jeu. Je me souviens par exemple des millions d'exemplaires écoulés du fameux *Pop Corn*, le premier tube électronique de l'histoire, pendant l'été 1972, un disque qu'il avait pris en licence pour une bouchée de pain à ses producteurs américains après l'avoir entendu dans une boîte à Saint-Tropez... Cela lui donnait les moyens et le temps nécessaires pour installer des chanteurs plus « difficiles ». J'ai profité de ce système, d'une certaine manière, mais je savais qu'il n'était pas éternel. J'avais vu Michel Sardou se faire congédier par Barclay ; il n'y croyait plus, il pensait que Michel n'avait aucun avenir : six mois plus tard, signé chez Philips, il sortait *Les Bals populaires...*

Pendant ce temps, que mes disques marchent ou pas, ma vie continuait sur le même rythme, je chantais à la *Crêperie* et dans la rue Saint-Jacques. Je ne roulais pas sur l'or, mais cela n'avait aucune importance. De toute façon, ce n'est pas parce qu'on a un disque dans les hit-parades que l'on devient riche : dans mon cas, dès 1976, tout l'argent que je gagnais en vendant du vinyle allait directement aux impôts. Je vivais avec l'argent de mes galas.

Un beau jour, donc, je me suis retrouvé en tête des ventes et l'on m'a raconté qu'Eddie Barclay s'est exclamé en réunion : « Ah ! On y est enfin arrivés, avec le petit Dave, on tient le bon bout, cette fois ! » Personne n'a osé lui dire que je n'étais plus sous contrat avec lui et que j'avais signé chez CBS...

7

Variétoche

Dès que je suis devenu vedette, j'avoue avoir été énervé de me retrouver catalogué dans la variétoche, parmi les chanteurs à minettes style C. Jérôme ou Frédéric François. Avec le recul, c'était pourtant parfaitement logique : quand on chante le prénom d'une fille, comme *Vanina*, pas moyen d'y échapper. Je me souviens d'avoir pensé, un court instant, que je méritais mieux que ça. Je ne connaissais ni Frédéric François ni C. Jérôme, qui me semblaient bien gentils, mais pas tout à fait du même monde que moi (plus tard, bien sûr, Claude est devenu un copain : il ignorait le sens du mot « rivalité » et il me manque). Je me sentais plus proche d'un Michel Polnareff, d'un Julien Clerc ou à la rigueur d'un Gérard Palaprat, parce que c'était un Beatnik, qui comme moi avait connu le succès après avoir joué dans *Hair*. Je sentais qu'il y avait une espèce d'ostracisme contre la variétoche, que j'avais du mal à comprendre parce que ça ne faisait pas partie de mes préoccupations ; dans le même temps, à mon corps défendant, on m'y faisait entrer de force, et je n'en suis jamais ressorti. Heureusement, au fil des ans, la distinction entre la

« bonne chanson » et la « variète » a eu tendance à s'atténuer...

Pour moi, tout cela était très nouveau. Quand je chantais sur les terrasses à Saint-Tropez, je ne faisais que croiser les vedettes, je n'avais pas de contact avec elles. Pas plus au cours de mes années Barclay, à part une tournée avec Nana Mouskouri et quelques radios par-ci par-là avec des débutants dans mon genre. Puis l'aventure *Godspell* m'avait plus ou moins coupé du monde : on remplissait la salle sans la moindre promo, il n'existe pas d'images de cette comédie musicale à la télévision, à part une archive où l'on nous voit chanter en play-back et en plein air. Je me suis retrouvé assez soudainement à côtoyer les stars du disque. Celles-ci m'ont plutôt bien accepté, mais il fallait que je m'accoutume aux mœurs du show-biz. Par exemple, je me souviens d'avoir vu Julien Clerc en train de parler chaleureusement avec Frédéric François, dans le grand studio de RTL. Ça m'étonnait : je me demandais ce qu'ils pouvaient bien se dire, leurs univers n'ayant rien en commun. En fait, très vite, j'ai compris qu'il s'agit d'une complicité professionnelle, le temps d'une radio, d'une télé ; sur le moment elle est sincère, mais elle ne prête pas à conséquence. Que je sache, on n'a jamais entendu Juju chanter en duo avec l'interprète de *Je t'aime à l'italienne.* Dès lors que l'on se met à vendre des disques, on a plein de nouveaux amis ; même des gens à qui l'on n'a jamais été présenté viennent vous saluer avec le sourire. Je me suis adapté à cet usage et je ne parviens pas à déceler la moindre hypocrisie ; ce sont juste de bonnes manières entre gens qui font le même métier.

Cette complicité s'étend d'ailleurs au-delà des

limites du show-biz. Je me souviens d'avoir rencontré Jacques Chirac, alors Premier ministre, sur une plage à Hammamet, en Tunisie. La veille, j'avais chanté à Carthage ; un gala inoubliable, dans les arènes, sous les étoiles. Le producteur, Michel Habert, devenu mon manager depuis, qui avait des accointances avec le ministre du Tourisme tunisien, m'avait invité, avec Patrick et mon équipe, à passer ensuite quelques jours dans un hôtel de luxe, le *Phénicia*, où Chirac, coïncidence, passait ses vacances avec sa famille. Sur le chemin de la plage, nous nous étions salués, comme le font des personnes publiques, genre « Je sais qui vous êtes, vous savez qui je suis »... Ayant un peu plus tard proféré une vraie idiotie qu'il a peut-être entendue, il me semble qu'il a préféré m'ignorer, ou alors c'était de la paranoïa de ma part : il y avait de quoi, d'ailleurs ! Une réflexion bête du méchant gamin que je peux être parfois, même sans l'excuse d'être entraîné par Marc Olivier Fogiel (souvenez-vous de mes gentils commentaires au concours de l'Eurovision 2001 et 2002). Je signale aux éventuels intervieweurs que je n'en parlerai pas, même en présence de mon avocat ! Tout ce que je peux dire, c'est que je me douchais à côté du futur président de la République sur la plage d'Hammamet et que, si un jour l'occasion se présente, je m'excuserais bien...

Je suis donc devenu chanteur à minettes et, une fois passé ce moment de contrariété, j'en suis venu à le considérer comme un rôle de composition extrêmement marrant. Le fait de parvenir à cette soudaine popularité était tellement inattendu, tellement à l'opposé de ce que je pensais pouvoir devenir dans la vie ! Depuis le lycée, ma causticité et mes réflexions sarcastiques n'avaient pas généré que de la sympathie, bien au contraire, mais je me complaisais totalement dans mon personnage, avec je l'avoue une solide dose de prétention. Et tout à coup, j'étais un chanteur populaire, contraint de faire risette à tout le monde.

Cela dit, j'ai ma part de responsabilité dans le fait d'être catalogué variétoche. Du 29 décembre 1975 jusqu'au 15 janvier 1976, je me suis retrouvé à l'affiche du spectacle d'Annie Cordy à l'Olympia, en vedette américaine. Surtout, ne vous méprenez pas : j'adore Annie, j'ai pour cette artiste un respect infini. Nous étions dans la même maison de disques, CBS, qui effectuait ainsi une bonne opération. Si j'avais eu plus de lucidité, d'intelligence dans la manière de gérer ma carrière, j'aurais dû refuser, mais à l'époque je ne me suis même pas posé la question. D'autant plus que je garde de nos tournées – qui se sont prolongées bien au-delà de l'Olympia, jusqu'à l'été 1976 – d'excellents souvenirs. Annie me racontait ses tournées avec Luis Mariano, à l'époque où c'était elle, la vedette américaine. Elle tournait à nouveau avec un homme qui chantait, et ça lui plaisait énormément. Elle me confiait ses souvenirs de l'époque où elle se produisait dans des cirques, quelque chose que j'aurais aimé connaître, comme un vieux rêve de gosse. Plus tard, lors des tournées Europe 1, nous n'en étions pas loin, avec notre énorme file de camions orange... Quand on arrivait dans une ville, on se mettait en rond comme font les cow-boys dans les westerns, j'adorais ça !

Annie Cordy m'a appris plein de choses : le sourire, l'énergie, le recul, une certaine forme d'humour et, surtout, la disponibilité. C'est pourquoi, quand je rencontre des jeunes artistes qui viennent d'obtenir leur tout premier succès, je vais vers eux. Au premier abord, on sent leur surprise. Ce n'est qu'une manière de dire : « Vous êtes entré dans le clan... » En retour, j'aime bien l'attitude des jeunes chanteurs envers moi quand je les croise à la télé. Un mélange de respect et d'amusement... Une attitude que je rencontre aujourd'hui dans la rue. À l'époque, les mecs, entre dix-huit et vingt-cinq ans, ricanaient plutôt. Tout cela parce que je plaisais aux filles avec ma voix haut perchée, mes cheveux blonds, mes yeux bleus, ma part de féminité consciemment assumée. Toutes choses qu'ils rejetaient. Ce qui m'énervait d'autant plus que je ne me considérais pas comme une idole pour minettes ! Lorsque Patrick Bruel est devenu une immense star, avec *Casser la voix,* je comprenais combien ça pouvait l'irriter de croiser des crétins machos gueulant « Patriiiiiiick » d'une voix de fausset à son passage. Il m'arrive constamment de me moquer de tout et de n'importe qui, mais s'il est bien un trait du caractère humain que je n'ai jamais compris, c'est l'agressivité sans humour.

Le cinéaste André Téchiné m'a dit un jour lors d'un dîner que j'étais naïf, ce qui m'avait surpris puis fait réfléchir. Il n'a peut-être pas tort ; ma naïveté m'a valu de prendre quelques sérieuses gamelles au cours de ma vie. Elle se manifeste parfois d'une manière surprenante. Je me souviens par exemple d'avoir un jour participé au gala de l'Union des Artistes, qui était une sorte d'institution, autrefois, et qui était retransmis à la télévision. Pour faire simple, c'était une émission caritative dans laquelle les chanteurs et acteurs jouaient, le temps d'une émission, les artistes de cirque. Le tout pour une bonne cause, longtemps avant les Restos du Cœur. À cette occasion, j'avais préparé un numéro sur un éléphant, qui d'ailleurs avait bien marché. Durant les répétitions, observant des lions dormant dans leur cage comme des grands chats, j'avais eu envie de les rejoindre pour les caresser. Naïvement, j'avais demandé si je pouvais me glisser discrètement parmi eux. C'était évidemment impossible ; mais pourquoi... ?

Qu'il s'agisse d'animaux féroces ou d'êtres humains, l'agressivité reste pour moi un mystère complet. Quand j'avais sept ou huit ans, dans le petit village où ma famille avait emménagé, à trente kilomètres d'Amsterdam, mes parents m'avaient envoyé chez le coiffeur avec mon petit frère, de deux ans mon cadet. Nous étions en avance et attendions l'ouverture du salon, quand des petits paysans du village se sont approchés ; l'un d'eux a enlevé son sabot en bois et m'a donné un coup sur la tête. J'ai pleuré. Je ne comprenais pas son geste. Je ne lui avais rien fait. Pourquoi m'avait-il frappé ? Parce que j'étais différent, parce qu'il ne m'avait jamais vu, parce que je venais de la ville ? Son acte était gratuit, méchant, et en plus il m'avait fait mal, ce petit con.

Je comprends mieux la jalousie, en particulier professionnelle. C'est un sentiment que je peux éprouver. J'avoue avoir été envieux du succès commercial de Gilbert Montagné. J'ai sorti en 1995 une compilation de mes plus grands succès, j'en ai vendu 250 000. Au même moment, sa compil obtenait un score du même ordre. Dans la foulée, il a sorti un nouvel album avec lequel il a fait un Disque d'or, tandis que mon nouvel album « Toujours le même bleu », malgré les passages radio du single *Boulevard des sans-amours* (*Heartache Avenue*), n'a pas vraiment cassé la baraque. Malgré la vente de mes compils, sur laquelle j'aurais bien tort de cracher, naturellement, je n'ai – jusqu'à aujourd'hui – pas eu la chance de réussir un véritable come-back discographique, contrairement à mon camarade Hervé Vilard, par exemple. Après ses immenses succès des années soixante – tout le monde se souvient de *Capri, c'est fini* –, Hervé avait totalement disparu au début des années soixante-dix. En 1979, le voilà qui effectue un retour fracassant grâce au slow *Nous,* adaptation d'une ballade italienne signée Toto Cutugno, qui s'écoule à deux millions d'exemplaires. La même année, il enchaîne avec *Reviens,* et s'offre encore, quatre ans plus tard, un énorme succès avec *Méditerranéenne* ! Je sais que ce genre de parcours est rarissime mais je ne peux pas m'empêcher de l'envier. C'est aussi arrivé à C. Jérôme, dont la chanson *Et tu danses avec lui* s'était retrouvée trois semaines d'affilée en seconde place du Top 50. Cela se passait durant l'hiver 1985, treize ans après *Kiss Me*, qui l'avait rendu célèbre ; lui aussi galérait, au niveau ventes de disques, depuis de nombreuses années (pour les galas, pas de problème, il était du genre marathonien, jusqu'à deux cent cinquante concerts par an !). D'autres ont droit à un succès d'estime qui m'étonne, comme Christophe, dont les deux derniers albums se sont peu vendus par rapport à l'accueil triomphal que lui ont réservé les journalistes, ce qui lui a valu de donner en 2002 un concert à l'Olympia devant l'un des plus beaux parterres de personnalités parisiennes jamais vus de mémoire de music-hall. J'aime bien cet artiste, mais je n'ai jamais compris pourquoi il a été décidé un beau jour, en haut lieu, qu'il faisait de la chanson française de qualité plus que d'autres (que moi ?). En quoi la chanson *Aline* est-elle moins « variété » que *Capri c'est fini,* l'*autre* slow de l'été 1965 ? Pourquoi l'interprète des *Marionnettes* a-t-il droit à ce concert de louanges ? Pour son look ? Son mode de vie ? Sa collection de juke-box ? Sa crédibilité rock'n'roll ? J'aimerais qu'on m'explique (pas de malentendu, par pitié : je ne remets pas le talent de Christophe en cause, c'est un vrai artiste ; je suis juste intrigué par l'image que nous donnent de lui certains journalistes).

Sans rancœur ni aigreur aucune, à l'heure où j'écris ces lignes, je n'ai pas encore eu la chance (?) d'un Montagné, d'un Vilard ou d'un Christophe. J'aurais bien tort de me plaindre : j'ai, en ajoutant à mon métier de chanteur celui d'animateur, une présence médiatique enviable qui me permet de faire mon métier sur scène dans des conditions de travail confortables. Mais, très sincèrement, j'aurais préféré un album qui marche !

À l'automne 1969, du côté de la rue Mabillon, j'avais vu sortir Mike Brant d'une grosse Mercedes. On m'avait parlé de ce chanteur israélien, encore totalement inconnu ; on m'avait dit qu'il avait une voix magnifique et qu'il allait devenir une superstar. Six mois plus tard, effectivement, dès la sortie de *Laisse-moi t'aimer,* la machine était en marche. Je me souviens de m'être dit à l'époque : « Et moi, c'est pour quand ? » Mike chantait extrêmement bien, c'est vrai, mais moi non plus je ne chantais pas mal. Mon impatience n'était pas dirigée contre lui. Je ne lui enviais pas sa place. Je voulais la mienne.

Je me souviens aussi d'un petit moment de jalousie concernant mon collègue Patrick Juvet ; j'ai été envieux de la fascination qu'il exerçait sur le public. Je revois très précisément cette image qui m'avait vraiment bluffé, dans une émission de Guy Lux à laquelle nous participions tous les deux. Il interprétait *J'ai peur de la nuit* (*Only Women Bleed*, du chanteur américain Alice Cooper), allongé sur un lit, que l'on avait apporté sur la scène du Studio 101. L'ovation qu'il avait reçue à son arrivée était vraiment impressionnante : il y avait autour de son personnage androgyne, maquillé à la « Ziggy Stardust », un véritable engouement. Il était à cette époque le seul, en France, pour cette clientèle qui ne connaissait pas David Bowie – nous ne parlons pas des lecteurs de *Rock & Folk*, mais du grand public –, à être aussi totalement original. Il était aussi étonnamment beau, ce qui ne gâchait rien...

Je voudrais terminer ce chapitre par un petit conseil aux chanteurs qui débutent. En 1973, quelques mois avant de devenir une vedette, j'avais participé à un concert en direct à la radio et j'avais assisté à une scène assez cruelle devant le théâtre où devait avoir lieu l'émission. Le chanteur Christian Vidal, qui venait de vendre beaucoup de disques à l'époque grâce à la chanson *Angélique,* était arrivé en même temps qu'un autre chanteur connu, mais moins en vogue ; disons qu'il s'agissait d'une célébrité des années soixante. Le public, apercevant Vidal, s'était mis à hurler : « Chris-tian ! Chris-tian ! Chris-tian » sans un regard pour l'autre artiste. Mon conseil : évitez d'arriver en même temps qu'un chanteur plus célèbre que vous... J'en ai moi-même fait la douloureuse expérience, au milieu des années quatre-vingt-dix : je me souviens de l'enregistrement d'une émission de Dorothée aux studios d'AB Productions à La Plaine-Saint-Denis. Il y avait là des centaines de mômes... Et pour mon plus grand malheur, je suis arrivé en même temps que Christophe Rippert, de la série *Hélène et les garçons.* Un comptable d'AB Productions ou moi, cela aurait été pareil : personne ne m'a remarqué. Les petites filles hurlaient à s'en déchirer les poumons pour ce jeune homme au demeurant charmant, qui a fait quelques disques, puis qui est retombé dans le plus complet anonymat (pour le moment : la nostalgie pour les feuilletons d'AB Productions peut surgir à tout moment !). Je peux vous l'affirmer : ce ne fut pas pour moi un moment très drôle... Je n'avais pas encore fait mon come-back médiatique, je n'étais personne pour ces enfants de six à douze ans... Je ne leur en veux pas, bien entendu : mais des jours comme ça, on s'en souvient toute sa vie, c'est douloureux comme une gifle.

8

Les « magouilles » du show-biz

Dès la sortie de *Trop beau*, plus encore après le succès de *Vanina*, je fus aspiré par la spirale infernale de la promotion, que je vivais, ainsi que le disait Simone Signoret, comme un service après-vente. J'y mettais toute ma bonne volonté : à partir du moment où l'on essaie de plaire et de vendre des disques, il est normal de faire ce que la maison de disques vous demande. Mon attaché de presse Robert Toutan me disait : « Voilà ton planning, tu vas faire telle et telle émission de télé » et j'y allais ; je ne vois pas pourquoi j'aurais refusé. Nombreux sont les chanteurs, depuis les années quatre-vingt, qui choisissent soigneusement les émissions auxquelles ils consentent à participer et dictent leurs desiderata à leurs attachés de presse ; du genre « pas question d'aller me montrer chez Jean-Pierre Foucault », « tu m'organises un JT et un passage chez Ardisson et c'est tout ». Il y en a même qui refusent tout, en bloc, et ne se montrent qu'une fois l'an, dans les Restos du Cœur. Je ne critique pas : s'ils le font, c'est qu'ils pensent pouvoir se le permettre, qu'ils craignent les éventuelles réactions négatives de leur public s'ils se fourvoyaient dans le même périmètre qu'un ringard notoire (comme si c'était contagieux) ou qu'ils sont tout simplement paresseux. À certains, cela a coûté cher en ventes de disques ; il suffit de ne pas s'exhiber pendant cinq ans à la télé et l'on perd une demi-génération de clients potentiels. On a vu certains sortir les avirons pour remonter ensuite le courant avec les pires difficultés. Quant à moi, je ne me souviens pas de m'être posé la moindre question à ce sujet.

Côté radio, en 1974-1975, les choses étaient infiniment plus simples – donc plus compliquées – qu'aujourd'hui. Je m'explique : pour entrer dans le circuit des vendeurs de disques, il fallait passer sur les ondes. Pour cela, on devait entrer en programmation sur l'une des quatre grosses radios de l'époque (la bande FM n'existait pas : je vous parle des ondes longues) : Europe 1, RTL, RMC et France Inter. Pour obtenir le sésame magique du passage radio, il fallait séduire, avec ses petites chansons, les principaux directeurs et directrices de la programmation de ces radios, avec quelques ouvertures par-ci par-là selon qu'on était dans les petits papiers de tel ou tel animateur. Mais pour donner envie à l'auditeur de se rendre chez le disquaire le plus proche pour faire l'acquisition de votre dernier 45 tours, il ne suffit pas de le diffuser une fois : il faut qu'il l'entende trois, quatre, dix fois dans la semaine. Les mauvais esprits appellent ça le matraquage, comme si chaque passage radiophonique réduisait un peu du libre arbitre de l'acheteur potentiel jusqu'à le lobotomiser totalement et le téléguider, tel un bon petit robot consommateur, vers le rayon 45 tours de son hypermarché. Face aux moyens pharaoniques dont disposent les publicitaires et les responsables du marketing pour le lancement d'une poudre à lessiver, je nous trouve bien innocents et limite amateurs avec nos chansonnettes, mais bon, j'assume : si vous voulez appeler ça « matraquage », je l'accepte.

À l'époque, on dénonçait également les contrats d'édition et de sous-édition signés par les radios. C'est un petit peu technique, mais je vais tenter de faire simple, pour ceux qui ne savent pas de quoi je parle. Pour gagner de l'argent en vendant un disque, on dispose de trois sources : l'interprète touche des royalties, autrement dit un pourcentage calculé sur le prix de vente hors taxes, proportionnel au nombre d'exemplaires écoulés. L'auteur et le compositeur, eux, touchent sur les droits de reproduction (les disques) et de diffusion (les passages radio, télé, etc.). Autrement dit, si vous cumulez les trois fonctions : auteur, compositeur et interprète, vous touchez le jackpot... à condition bien sûr que votre disque marche. Pour ne pas avoir à se soucier des questions administratives et avoir plus de chances de « placer » leurs chansons auprès de tel ou tel interprète (ou sur la bande originale d'un film, une pub, un jeu vidéo), les auteurs-compositeurs signent des contrats avec des éditeurs de musique (d'où la SACEM, Société des auteurs, compositeurs et *éditeurs de musique* ! Je suis bon, comme pédagogue, vous ne trouvez pas ?). À ceux-ci, ils cèdent un pourcentage de leurs droits d'auteur, jamais plus de la moitié, la loi l'interdit. Les éditeurs gèrent donc les droits de leurs poulains et peuvent être tentés de signer ensuite des contrats de sous-édition, soit avec des éditeurs de musique à l'étranger, soit, à l'époque, avec des maisons d'édition montées par les radios, comme dans l'exemple qui nous occupe. Pour que ce soit moins visible, dans les années soixante-dix, l'éditeur cédait un pourcentage de la face B du 45 tours (les droits générés par les ventes sont répartis équitablement entre tous les morceaux d'un disque) : on ne pouvait pas reprocher au programmateur de favoriser un morceau sur lequel la radio récupérait un pourcentage ; en revanche, si le disque se vendait, il touchait sur la face B, ce qui revenait au même, mais c'était nettement plus discret. Je ne suis pas en train de dévoiler des secrets : tout le monde était au courant de ces petits arrangements qui, en plus, ne concernaient qu'un nombre réduit de chansons. Globalement, je crois que le métier était très sain : si le morceau était bon et que la directrice de la programmation de RTL, l'excellente Monique Le Marcis, décidait de le diffuser, rien ne pouvait l'arrêter ; si elle avait un coup de foudre pour le nouveau disque de Mike Brant ou pour un débutant nommé Julio Iglesias, la France entière était instantanément au courant. En ce qui me concerne, pour autant que je sache, mes chansons n'ont jamais été sous-éditées par une radio.

Comparées aux monstrueuses machines mises en place depuis la fin des années quatre-vingt, les mini-combines de la décennie précédente relèvent davantage du système D. Je ne cherche pas à justifier quoi que ce soit, mais cela me semble bien riquiqui face aux fameux « tubes de l'été » imposés par une chaîne de télé, souvent associée à une radio généraliste. Tout a commencé avec *La Lambada* durant l'été 1989. Puis il y eut la *Soca Dance* (1990), *Tic Tic Tac* et la *Macarena* (1996), etc. Dans ce cas-là, on peut vraiment parler de matraquage autant sonore que visuel. Je n'ai aucun problème moral avec le fait que les chaînes de TV et les maisons de disques s'en mettent plein les poches, après tout ce sont des sociétés privées (enfin, pas toutes !) qui recherchent le profit.

Aujourd'hui nous avons Star Academy ou Popstars, par rapport aux petits contrats de sous-édition des années soixante-dix, on se trouve cette fois dans un autre monde, une autre galaxie ! Loin de moi l'idée de critiquer ces deux émissions ; tout ce qui en sort n'est pas mauvais, même si certains interprètes de la « Starac », pour ne citer que cette émission, sont réellement discutables – ce qui ne les empêche pas de vendre des disques et même de passer sur les scènes des salles de spectacle ! Certes, la date de péremption est rapidement atteinte et certains disparaissent au bout de six mois, un an, mais c'est trop, quand on ne sait pas chanter du tout. On me dit que cela ramène les jeunes, en particulier les très jeunes filles, dans les magasins de disques et au rayon *single* de l'hyper où leurs mamans font leurs courses. Tant mieux ! Mais pour quelques stars anodines qui durent le temps d'un kleenex, combien d'interprètes, combien d'auteurs-compositeurs de talent qui tapent le pavé devant les maisons de disques en attendant un rendez-vous pour faire écouter leurs chansons ?

Maintenant, comme j'adore me contredire, je regarde avec plaisir ce genre d'émissions, et qui sait si ça ne donnera pas l'opportunité à de futurs Claude François ou Mireille Mathieu d'éclore.

Pour en revenir aux soi-disant magouilles du show-biz, je n'ai jamais fait partie, comme je l'ai lu parfois, de la « Bande à Jojo », le groupe d'amis qui entourait Joe Dassin, à qui il a même consacré une chanson. Je faisais partie, en revanche, de la bande à Robert Toutan, directeur de la promotion de CBS, qui s'occupait entre autres de Joe, de Gérard Lenorman, de moi et plus tard de Jeane Manson. Robert Toutan, qui continue à travailler comme indépendant, notamment avec Francis Cabrel, qui lui est resté fidèle, est un attaché de presse de compétition, un personnage comme il n'en existe presque plus, aussi célèbre dans le métier que les artistes pour lesquels il travaille. Il courait à son sujet les plus folles rumeurs, tout simplement parce qu'il était redouté, intelligent, efficace, influent, et qu'il bossait pour une très grosse maison de disques : en plus des artistes français, il gérait la promo en France de stars internationales comme Johnny Mathis, Supertramp, Bob Dylan, Santana, Neil Diamond, Paul Simon ou Barbra Streisand.

Au début de ma carrière de vedette, j'étais plutôt un artiste Europe 1, station traditionnellement plus orientée vers un public jeune depuis les grandes heures de Salut les copains. Par la suite, j'ai glissé vers RTL, ce qui ne m'empêchait pas d'être classé dans les deux hit-parades. Les directrices de la programmation de ces deux radios, Claude Brunet et Monique Le Marcis, faisaient la pluie et le beau temps, mais elles avaient du goût, de l'éclectisme et de la curiosité, peut-être davantage que certains directeurs de programmation dans les radios FM d'aujourd'hui. Je ne rencontrais pas souvent Claude ou Monique, hormis les « bonjour comment ça va » dans les couloirs des radios, mais il arrivait que des déjeuners ou des dîners soient organisés par CBS.

Au début, je me souviens qu'on me donnait des consignes, des petits conseils amicaux. C'est tout juste si on ne me disait pas : « Tu vas dîner avec Monique Le Marcis, comme tu sais qu'elle est née dans la Creuse, débrouille-toi pour glisser dans la conversation que tu adores la jolie ville de Guéret. » Si on avait entendu dire qu'elle aimait Modigliani, on m'encourageait à potasser deux ou trois livres sur ce peintre avant de la voir. J'exagère ? À peine.

Les relations entre les directeurs de programmation et les artistes étaient très plaisantes. De toute façon, ce n'est pas moi qui allais leur apporter mon dernier 45 tours. C'était le boulot de l'attaché de presse ; il lui arrivait naturellement de se voir refuser une chanson. Le plus souvent, quand un titre marchait fort, j'étais dans les premières places du hit-parade de RTL et d'Europe, et même de France Inter, où *Du côté de chez Swann* a battu le record de durée sur le hit-parade (eh oui, même France Inter en avait un en 1975 !). Parfois, l'un marchait mieux du côté de la rue Bayard que de la rue François-Ier. Si j'analyse quelques-unes de mes chansons de la période 1977-1978, par exemple, je vois que *Est-ce par hasard* et *Lettre à Hélène* fonctionnent magnifiquement sur les deux radios, tandis que *Heureusement que la musique est là*, *Plus ça va plus je t'aime* et *Raconte-moi des mensonges* connaissent des parcours divers : tantôt l'une est bien classée sur RTL et apparaît à peine dans les classements d'Europe 1, tantôt c'est l'inverse. Les attachés de presse avaient droit, parfois, à la mauvaise humeur des directeurs de la programmation musicale ; je n'avais que les sourires : tels sont les privilèges des artistes !

Tous n'étaient pas aussi aimables. Guy Lux, très

important à l'époque et que je considérais comme un homme plein d'idées malgré les critiques dont il était la cible dans certains journaux, se comportait comme un véritable chef de chantier engueulant ses ouvriers. Il hurlait souvent, il était plutôt désagréable. Or, comme je l'écrivais plus haut, je ne comprends pas l'agressivité et je supporte mal les gens qui se mettent en colère. Jacques Pierre, qui était à cette époque le réalisateur de Midi Première avec Danièle Gilbert, dont j'ai dû faire cent cinquante fois l'émission, n'arrêtait pas lui aussi de gueuler comme un sourd. Je les observais comme une manifestation bizarre de la comédie humaine : ils étaient marrants – leurs colères étaient parfois grotesques. Mon caractère, à l'inverse, me pousse à éviter les conflits, sauf si l'on m'insulte ; dans ces cas-là, comme je l'ai déjà dit, je peux devenir violent. Le reste du temps, je peux faire la gueule, comme tout le monde, mais je suis incapable d'engueuler qui que ce soit et j'ai tendance à fuir les explications conflictuelles. Ce qui génère d'autres problèmes : je ne sais pas dire non, j'ai un mal fou à refuser ce qu'on me propose et, comme je suis plutôt du genre disponible – tout le métier a mon numéro de portable, je ne me réfugie pas derrière une escouade d'attachés de presse –, je me retrouve souvent dans des situations inextricables.

Le travail de Robert Toutan consistait par exemple à passer des accords avec des producteurs d'émissions de télévision. Avant que j'eusse le statut de vedette moi-même, c'était par exemple « Vous voulez Johnny Mathis, qui sera tel jour à Paris ? D'accord. Mais il faut aussi me prendre Dave. » Ces petits arrangements ont toujours existé et ne sont rien en comparaison des cadeaux, voyages, commissions et pots-de-vin qui se pratiquent dans d'autres secteurs de l'industrie : n'oubliez jamais que le chiffre d'affaires annuel cumulé de toutes les maisons de disques françaises est inférieur à celui d'un seul hypermarché de la région parisienne !

9

Télé-paillettes

Quand ce fut à mon tour d'être une vedette, je me souviens que Robert Toutan avait fait une proposition à Maritie et Gilbert Carpentier, le couple légendaire de producteurs télé dont les Sacha Show, Top à... et autres Numéro 1 ont fait les beaux jours de la télé-paillettes des années soixante aux années quatre-vingt.

— Vous voulez monter une émission spéciale avec Dave ? Pas de problème. Mais il faut me prendre Francis Cabrel.

Je me souviens très précisément de notre rendez-vous, dans leur appartement au dernier étage d'un immeuble près du jardin du Luxembourg. Je m'y étais rendu avec mon directeur artistique Jean-Jacques Souplet, ça se passait en avril 1979 et nous parlions de la programmation de ce Numéro 1 qui devait m'être consacré. On avait décidé de n'inviter que des chanteuses. Il y avait Dalida, Françoise Hardy, Jane Birkin, Chantal Goya pour faire plaisir aux Carpentier, fidèles en amitié, la chanteuse disco Amii Stewart, etc. Seule exception : Francis Cabrel, à qui l'on voulait donner un coup de pouce et qui venait de sortir son deuxième album. Deux ans plus tôt, son premier disque n'avait pas très bien marché, malgré des chansons comme *Petite Marie* et *Les Murs de poussière.* En décembre 1977, Francis était venu chanter en lever de rideau de mon spectacle à l'Olympia ; il n'y avait nul besoin d'être devin pour prédire qu'il allait devenir énorme si on lui donnait sa chance. Les Carpentier, toujours à la pointe de la découverte (et dont je trouve que les émissions sont légèrement surestimées aujourd'hui, même si je regrette évidemment que quasiment plus rien dans ce genre n'existe), nous avaient dit : « On a écouté son nouveau disque, c'est un peu scout, non ? » Puis il y avait eu une grève de la SFP et l'émission avait été reportée au mois de novembre. Entre-temps, Cabrel avait obtenu un tube phénoménal avec *Je l'aime à mourir* ; du coup, Maritie ne jurait plus que par lui, oubliant qu'elle nous l'avait jeté trois mois plus tôt. Et j'ai eu le plaisir d'interpréter cette jolie chanson en duo avec son auteur ! Parmi les duos marrants – à l'époque, j'ai l'impression que les chanteurs étaient plus disponibles et se prenaient moins au sérieux qu'aujourd'hui – je me souviens d'avoir chanté un extrait d'opérette avec Dalida, une personnalité d'exception qui mérite qu'on s'y attarde.

Ah, Dalida... Star de la télé-paillettes et star tout court, par excellence. Je me souviens que nous nous étions un soir retrouvés chez elle, à jouer aux cartes, au début des années quatre-vingt. Autour de la table se trouvaient entre autres son frère Orlando, Pascal Sevran, Patrick et moi. Il y avait aussi Pascal Auriat, le producteur de Linda de Suza – dont le cœur penchait plutôt à droite, alors qu'Orlando et Sevran étaient de farouches partisans de Mitterrand. Je ne sais comment, dans le cours de la discussion, nous en étions venus à parler de ce jour de mars 1980 où Daniel Balavoine, au JT de la mi-journée, avait apostrophé François Mitterrand, à l'époque premier secrétaire du Parti socialiste. Tout le monde se souvient de ces images : Daniel, un peu ébouriffé, annonçant qu'il va quitter le plateau parce qu'il en a assez du débat qui ronronne, Mitterrand le retenant et l'invitant à se rasseoir, puis Balavoine qui explose et se met à énumérer quelques-uns des motifs de mécontentement de cette jeunesse qu'on lui avait demandé de représenter ce jour-là. Autour de la table, la discussion devenait carrément houleuse : les deux Pascal, Sevran et Auriat, étaient déchaînés : tout le monde criait dans tous les sens, sauf Patrick et moi, qui nous regardions, consternés. Un peu plus et ils en venaient aux mains ! Tout à coup, quelqu'un a dit : « Il y a une drôle d'odeur... » C'était notre chien Charlie qui, terrifié par les hurlements – de sa vie, la pauvre bête n'avait pas entendu des humains aussi vociférants –, s'était oublié sous la table. Dalida a éclaté de rire et ça s'est terminé dans la joie et la bonne humeur. Entre-temps, ni vu ni connu, j'avais aussi gagné la partie de cartes.

Dalida était une artiste épatante. Il m'est pourtant arrivé d'éprouver, en la voyant à la télévision, un sentiment du genre « elle devrait s'arrêter, elle en fait trop »... Puis elle vous balançait *Gigi, l'amoroso*, une de ses plus fameuses chansons, dans laquelle elle avait cette sorte de folie à l'italienne. Il lui suffisait alors d'un geste, d'un regard ou d'un sourire, comme d'un coup de baguette magique, pour vous ensorceler à nouveau et l'on comprenait pourquoi elle était Dalida, unique en son genre. C'est sur scène qu'elle prenait toute sa dimension baroque et sublime. De toute façon, comme je ne cesse de le dire, il faut toujours voir les artistes dans leur élément, c'est-à-dire sur scène, face à leur public.

Si Guy Lux était un chef de chantier et les Carpentier surestimés, il nous restait heureusement Danièle Gilbert ! Elle a présenté son émission avec Jacques Martin, puis avec Antoine, Coluche, Roger Lanzac, Alex Métayer, etc. On lui mettait n'importe qui entre les pattes, elle restait imperturbable, j'admirais son savoir-faire, sa patience et sa disponibilité pour son public. Son émission s'adressait à tout le monde, comme le journal télévisé de 13 heures sur TF1 aujourd'hui, où Jean-Pierre Pernaud, dans la deuxième moitié de son émission, nous montre comment on fabrique des pipes à Saint-Claude ou comment on roule les cigares dans le Périgord. Le Journal de Bonnes Nouvelles d'un Karl Zéro au premier degré : il n'y a plus de tension au Moyen-Orient, plus de catastrophes aériennes, tout le monde il est beau et gentil. C'est exactement ce que faisait Danièle Gilbert, et en prime, il y avait de la place pour des chanteurs. Quelle merveille !

Si les Enfants de la Télé sont aujourd'hui autour d'Arthur sur TF1, les enfants de la télé-paillettes, eux, sont dans les premiers rangs des concerts de Sheila ou de Sylvie Vartan à l'Olympia. Il faudrait être sociologue pour l'expliquer, mais je ne peux que constater le nombre étonnant d'homosexuels qui ont élevé les stars féminines des années soixante au rang d'icônes, et je ne parle pas seulement de Dalida, qui était l'idole des gays par excellence. Les chanteuses se bousculaient, dans les sixties : il y avait

Françoise Hardy, Sylvie, Sheila, France Gall, etc. Bizarrement, dans les années soixante-dix, tout s'est passé comme si les maisons de disques avaient décidé que pour marcher dans la chanson, il fallait être un garçon. La concurrence était rude entre Mike Brant, Joe Dassin, Gérard Lenorman, Alain Chamfort, C. Jérôme, Patrick Juvet, moi et tant d'autres, d'autant que les « anciens » – Johnny et Cloclo, pour n'en citer que deux – étaient toujours là, et bien là. Les mâles, même androgynes, même à la voix haut perchée pour certains, étaient largement majoritaires. Depuis les années quatre-vingt, les filles sont revenues en masse : après Jeanne Mas, Vanessa Paradis, Patricia Kaas et Mylène Farmer, on a vu arriver les Québécoises, de Céline Dion à Isabelle Boulay en passant par Lara Fabian, Linda Lemay et Natasha St Pier, ainsi qu'une nouvelle génération d'interprètes françaises comme Hélène Ségara. Celles-ci seront peut-être les idoles kitsch des homos en 2040...

On peut tenter d'expliquer la fascination qu'exercent Sylvie, Sheila et Dalida sur le public gay ; celui-ci est très attiré par la femme-femme, la femme-vamp, façon Lauren Bacall ou Ava Gardner. Aux États-Unis Barbra Streisand et Liza Minnelli sont elles aussi des icônes gays par excellence. Il suffit de glisser dans la conversation que vous possédez plus de deux albums de Streisand et vous êtes instantanément catalogué ! Comme chacun sait, quand un gay fait la femme, il est plus femme qu'une femme. Dans le cas de Dalida, qui était excessivement féminine, chacune de ses apparitions à l'âge d'or de la télé-paillettes, dans les années soixante-dix, était l'occasion de se montrer dans des tenues époustouflantes :

des boas, des fourrures, des robes en lamé qui semblaient cousues sur le corps, des talons aiguilles, des décolletés vertigineux, sans parler de son extraordinaire chevelure... Pareil pour Sylvie Vartan, dont les jambes splendides faisaient autant chavirer les hétéros que les homos (c'est toujours le cas, mais elle les montre moins : dommage !). On avait aussi coutume de la maquiller à la truelle. Non pas qu'elle eût besoin de toutes ces couches de fond de teint, blushes, poudres, eye-liners, ombres à paupières, crayons, rouges et brillants à lèvres : simplement, ça se faisait. Je feuillette des journaux de l'époque, des *Podium* et *OK Magazine*, et je suis effaré par les looks qui étaient à la mode. Certains garçons étaient très virils, comme Mike Brant ou Ringo ; ceux-là exhibaient leurs torses velus sous leurs chemises en satinette largement échancrées. D'autres étaient très efféminés, comme Patrick Juvet, qui osait le maquillage glamour et les cheveux très longs. Quant aux femmes, elles étaient très femmes, très sophistiquées ; malgré tous ces excès, il n'y avait chez elles aucune vulgarité, à l'inverse de certaines Clodettes, par exemple, dont la fonction première était à l'évidence d'émoustiller le chaland, quitte à les habiller comme des pétasses. Claude François était très malin pour ça, comme pour le reste : aux filles, il dédiait ses pas de danse extravagants ; aux garçons il permettait de mater ses danseuses, de plus en plus dénudées au fil des ans – c'est flagrant lorsque je visionne d'anciennes archives en préparant des émissions de télévision ! Comme ça tout le monde était content et il vendait des tonnes de disques...

Les strass du show-biz attirent les gays comme une lampe dans la nuit attire les papillons. Ce n'est

© D. R.

© JDF/OROP.

∧ Loiseau dans son nid de verdure périgourdine.

< Mai 68, à l'époque de la manche, vive la frange !

© P.Bouton.

∧ La troupe de *Godspell* au grand complet (fin 1971 à début 1974), avec Daniel Auteuil et Armande Altaï.

© JDF/O'médias.

> Un peu mégalo peut-être ? J'essaye en vain de masquer mon titre d'assistant.

© D.R.

∧ Festival d'Avignon, été 1974, *Ubu* à l'opéra. La reine Rosemonde (Armande Altaï) et votre serviteur en Bougrelas.

∨ Un concert en plein air comme je les aime.

© Charles Hermand.

À l'Olympia à la fin
des années soixante-dix.

< Jean-Jacques Souplet et deux de ses artistes.

v Le déjà toujours jeune Michel Drucker me remet le prix du meilleur brushing.

> Cloclo et moi aux Olympiades d'Europe 1 à Marrakech ; arrêt de jeu pendant un match de foot.

v Olympia 1982, je partage l'affiche avec Patrick Loiseau qui n'en demandait pas tant.

© D.R.

NO COMMENT !

pas un secret que je dévoile : dans l'univers de la variété, en particulier, on compte un nombre important de journalistes, animateurs, programmateurs télé, managers, attachés de presse et secrétaires de stars qui « en sont ». J'en ai croisé des dizaines au fil de ma carrière et j'ai l'impression d'avoir trouvé une explication que je vous livre pour ce qu'elle vaut. Quand les filles de douze ou treize ans tombent amoureuses d'un chanteur, elles commencent par acheter tous ses disques, puis elles découpent ses photos dans les magazines et elles punaisent ses posters aux murs de leur chambre. Ensuite elles rencontrent leur premier fiancé et, généralement, ça se calme. Le mec, naturellement jaloux, lui fait comprendre qu'il apprécie moyennement de lui faire un câlin sous le regard de Dave ou de C. Jérôme et les posters disparaissent. Les gays, eux, continuent à placer leurs idoles sur un piédestal ; parfois, leur fanatisme suffit à remplir leur vie affective. Certains réussissent à en faire leur métier. Ceux-là sont une bénédiction pour les artistes avec lesquels ils travaillent : rares sont ceux qui vivent en couple ; ils sont donc totalement disponibles, totalement dévoués, ils vont à tous les spectacles, sont au courant de tous les potins qu'ils colportent avec délectation. Ils n'ont besoin de rien d'autre pour être heureux. Dans 90 % des cas, en plus, ce sont d'excellents camarades.

Sans faire de généralisation outrancière, j'ai une idée assez précise de leur parcours. Je les imagine ados, quand ils écoutaient fiévreusement le hit-parade et surveillaient le classement des chansons de leurs idoles : si elles progressaient, ils en tiraient une félicité qui leur tenait la semaine, même s'ils évitaient soigneusement d'en parler dans la cour de leur lycée, de peur de se faire moquer par les fans de rock ou carrément bousculer par les footballeurs. Le côté « jardin secret » de leur passion accentuait encore leur dévotion. Si leur vedette chutait dans le Top, ils étaient capables d'en souffrir sincèrement, comme d'une injustice personnelle. Comme je l'ai raconté dans mon premier livre, je n'étais pas vraiment comme ça à cet âge-là : j'étais plutôt le fana de bouquins, toujours disposé à étaler ma culture sans crainte de passer pour un cuistre, et globalement grande gueule. Mais je comprends cette génération des enfants de la télé-paillettes, dont l'engouement pour la variété était aussi, sans doute, une manière de sublimer et de dissimuler leurs pulsions sexuelles qui n'étaient pas dans la norme et parfois leur faisaient honte. Se focaliser sur les idoles n'était pas seulement pour eux un moyen d'échapper un moment à la réalité, comme les « favinettes » qui criaient « Waow ! » en posant des autocollants de Ringo sur leur carnet de poésies. À travers elles, ils rêvaient de Paris, de liberté, de légèreté, d'un monde à l'opposé de leur petite ville de province pétrifiée par la peur du qu'en-dira-t-on. Arrivés à l'âge adulte, ils s'épanouissent dans le milieu qui, enfants, les faisait rêver et fantasmer. Ils ont épousé le showbiz, le compagnon idéal : toujours jeune, pétillant, souriant, sexy, magique !

10

Mièvrerie

Reprenons un semblant de chronologie... Au printemps de l'année 1975, je publie en France un troisième 45 tours, *Mon cœur est malade*, sur des paroles de Patrick Loiseau : comme le prénom de son amie Vanina nous avait porté chance pour le disque précédent, il cite cette fois celui de sa copine Laura, la jeune femme qui avait eu la judicieuse idée de l'emmener m'écouter chanter au *Who's Bar* ce soir de février 1971. Nous allons en vendre plus de 400 000 exemplaires. Je me retrouve neuvième du classement de RTL le 17 mai, septième le 24 et troisième le 31 ; sur Europe 1 je ne monte pas plus haut que la septième place du classement Salut les copains mais peu importe : la vie est belle. Entre-temps, ma version de *Vanina* en allemand fait un tabac de l'autre côté du Rhin, où la chanson a été rebaptisée *Monika*, malgré un accent pour le moins ridicule. Je chante aussi *Vanina* en espagnol (là-bas, c'est *Vanessa* qu'on l'appelle), et cette fois je m'en tire plutôt bien, grâce aux bons conseils de Marie-France Brière, qui est d'origine argentine et s'est absentée quelques heures de ses hautes fonctions à

Europe 1 pour assister à la séance d'enregistrement. En Espagne, la chanson fait un triomphe. Moi qui me targue d'être polyglotte (néerlandais, français, anglais, allemand et italien), je m'aperçois que l'on change de voix selon la langue dans laquelle on chante ; je rencontre à l'époque un professeur de linguistique à la Sorbonne qui m'explique les différentes sonorités des langues. Je lui dis avoir été surpris par la souplesse de ma voix en espagnol. Dessins à l'appui, il me démontre que ce sont les sons qui chantent et font que les cordes vocales doivent se placer autrement. Faites l'expérience en demandant à des américains à la voix grave de vous lire un texte en français : neuf fois sur dix, ils se mettent à parler avec une voix fluette et haut perchée, comme des petites filles !

Je crois que je préfère ma voix en anglais ; après tout, lorsque je chantais aux terrasses des cafés, mon répertoire était exclusivement anglo-saxon. Comme je l'ai raconté plus haut, c'est le public qui a décidé de ma carrière de chanteur francophone ; entre *Sugar Baby Love* et sa version française *Trop beau*, la différence des chiffres de vente avait laissé la question en suspens durant l'été 1974 : 400 000 exemplaires en français, 300 000 en anglais. Nous avions refait une tentative avec le disque suivant ; ma version de *Runaway* de Del Shannon était sortie en même temps que *Vanina,* sa version française. Résultat des courses : j'ai vendu une trentaine de milliers de *Runaway* en anglais et un million de *Vanina* en français : le choix du public a eu le mérite d'être clair ! Parfois, je me prends à rêver : que serait-il advenu si j'avais vendu autant de *Runaway* que de *Vanina* ? Aurais-je opté pour l'anglais, serais-je parti à la conquête de la Grande-Bretagne ou de l'Amérique ?

Me voici donc sur les plateaux de télévision en train de chanter *Mon cœur est malade* et de m'adresser cette fois à une fille *incendiaire que l'on dit légère,* connue sous le nom de Laura, qui a *mis dans mon âme le feu et la flamme* et qui, c'est le pire de l'histoire, *ne le sait même pas.* Il fallait peu de choses et très peu de temps pour être catalogué dans la variété : chanter le prénom d'une fille faisait partie des preuves retenues à ma charge. Gérard Lenorman, qui avait débuté avec *Il,* une chanson à la fois politique et poétique, était considérée comme un chanteur au propos plus ambitieux, position que je lui enviais parfois. En revanche, j'assume complètement mon look et mon attitude de l'époque dont, pourtant, la mièvrerie m'exaspère.

Mettez-vous à ma place : si vous ne voulez pas savoir à quoi vous ressembliez il y a dix, vingt ou trente ans, il vous suffit de laisser fermés vos albums de photos. Moi, plusieurs fois par an, je me retrouve dans un studio de télévision où, sous prétexte de me faire une chouette surprise, on me propose de regarder l'une de mes prestations dans une vieille émission de Guy Lux. Chaque fois j'ai envie de me cacher sous la table ou la moquette : j'arborais un petit sourire gentillet, j'étais *brushingué* comme lady Di à son mariage et je ne parle même pas des cols pelle à tarte... Je conçois parfaitement que certains me trouvaient insupportable. Cela dit, au niveau du look, je nous trouve tous ridicules, de Stone et Charden à Michel Delpech en passant par Michel Sardou ou Daniel Guichard. Ou attendrissants, quand je suis bien disposé. Les Anglais ne disent-ils pas :

Seventies, the decade that taste forgot (les années soixante-dix, la décennie que le bon goût abandonna) ?

Pour ma part, je portais souvent des vestes serties de strass, tant sur scène qu'à la télé. J'étais habillé un peu à la manière de Claude François, dont je séduisais la clientèle. Très vite, j'ai acheté mes smokings chez Kenzo, qui habille plutôt les gars dans mon genre, les pas trop grands... Ensuite j'ai fait rajouter du strass par des couturiers de théâtre. Un jour, un journaliste tourangeau m'a dit : « Le mois dernier, on a eu Yves Duteil, il portait un pull-over et était seulement accompagné d'un quatuor à cordes. Vous avez des choristes, vous portez du strass. Pourquoi ? » Je ne savais pas quoi lui répondre, sinon par une évidence.

Duteil se produit avec la formation qui convient à ses chansons et, en portant un pull à col roulé plutôt qu'un tutu, il essaye de faire plaisir à sa clientèle. Moi, je fais exactement comme lui : j'essaie de plaire à mon public. Il attend de moi que je fasse un petit effort, que je ressemble à un chanteur de variété, une des rares professions où il est admis et même conseillé de porter des paillettes, ce qui se fait très peu quand on travaille aux Allocations familiales.

Cela dit, j'envie parfois Duteil de pouvoir se produire en jean et pull-over. Parce que, dans la vraie vie, je suis habillé comme lui. Aujourd'hui, j'alterne les costumes blancs et les costumes noirs. Un costume blanc pour l'été, noir pour l'hiver, comme les officiers de marine selon la zone où je navigue...

Contrairement à Claude François, qui portait toujours le nœud papillon ou la cravate, souvent au format bavoir à l'époque, comme la mode l'exigeait, je portais plutôt la chemise discrètement entrouverte (au contraire de Mike Brant, qui la déboutonnait jusqu'au nombril), ce qui me permettait d'exhiber mon collier fétiche, celui que rêvaient de posséder toutes mes fans. Ce collier ras du cou a une histoire : c'est mon amie Louise, la compagne de Joost, qui me l'avait rapporté d'Éthiopie. Il s'agit en fait de petites rondelles coupées dans un œuf d'autruche, serrées entre deux petites boules en argent, le tout enfilé sur un lacet en cuir. Je l'ai porté durant des années au point qu'il est un peu devenu ma marque de fabrique. Très vite, à l'époque, j'ai eu un véritable fan-club, une association loi 1901 qui vendait des T-shirts, des coussins à mon effigie, mais aussi des photos et des reproductions du fameux petit collier... Je tiens à préciser que tout ceci se passait au paléolithique supérieur, à une époque où l'on ne savait pas ce que « produits dérivés » et « merchandising » signifiaient. Autrement dit, je ne touchais pas un centime sur ce petit commerce florissant : il permettait à deux ou trois personnes de vivre correctement et c'était très bien comme ça. De temps en temps, celles-ci m'offraient un cadeau : je me souviens par exemple d'une batterie de casseroles en cuivre et des œuvres complètes de Dostoïevski reliées plein cuir, ce qui m'a fait très plaisir.

Si mon collier est une marque de fabrique, ma mèche blonde serait plutôt une marque déposée : si un chanteur apparaît demain avec une imitation de ma mèche légendaire sur le front, je lui colle un procès ! Je rigole, bien sûr : il n'empêche que je n'ai jamais, depuis bientôt trente ans qu'on me donne l'étiquette de vedette, changé de coiffure. Parfois, j'y ai pensé très sérieusement d'autant que, si je me coiffe en arrière on me dit que je ressemble à Michael Douglas. Un jour, en tournée pour M6 (en première partie, je me souviens qu'il y avait une débutante nommée Hélène Ségara), dans je ne sais plus quelle ville, une Beurette a réussi à s'introduire dans les coulisses, qui étaient plutôt bien gardées, pour venir me parler. Effectivement, on a discuté un moment et, avant de partir, elle m'a fait cette déclaration surprenante :

— Tu es beaucoup moins con que je croyais. Parce qu'un mec qui a la même coiffure depuis vingt ans, pour moi, c'est un con.

Je n'avais jamais imaginé que les gens pouvaient penser une chose pareille. Et ça m'a fait réfléchir. Quand j'y pense, j'ai *toujours* eu cette mèche : lorsque j'étais adolescent, à quatorze ans, je me souviens de profs qui voulaient absolument que je la coupe, les mêmes qui ne voulaient pas que je porte de jeans... Révolté comme on peut l'être à cet âge-là, je suis revenu le lendemain à l'école avec le titre d'une chanson, *Yes Tonight Josephine*, peint sur mon jean. Comme ça au moins ils avaient une bonne raison de me renvoyer chez moi ! On m'a toujours reproché ma mèche. Je l'ai laissée pousser parce que je n'aime pas mon front. Après, quand j'ai quitté les Pays-Bas, j'ai eu les cheveux très longs tout simplement parce que je n'avais pas d'argent pour aller chez le coiffeur. Ceci à une époque où tout ce qui ressemblait de près ou de loin à un hippie était régulièrement harcelé par la maréchaussée. Plus tard, j'ai essayé des coiffures plus courtes et je suis arrivé à la conclusion que la coiffure avec la mèche est celle qui me va le mieux, et comme j'ai la chance de ne pas perdre mes cheveux... Bien sûr, pour le plaisir de l'expérience, je serais ravi d'avoir une véritable raison de les couper : pour cela il faudrait qu'on me propose au moins un premier rôle dans un film... Si vous êtes producteur de cinéma et que vous lisez ces lignes, vous savez ce qu'il vous reste à faire !

Si j'analyse les raisons pour lesquelles je me trouve mièvre quand je visionne d'anciennes émissions de télé, je ne peux m'empêcher de penser que je tentais, maladroitement, de correspondre au rôle de composition que je m'étais imposé de jouer : celui d'une idole pour minettes. Était-ce le destin qui m'avait mis dans cette case, sans que j'aie rien demandé ? Très bien : dans ce cas, je devais faire ce que l'on attendait de moi. On me voit sourire, faire des clins d'œil, prendre des poses, jouer au séducteur. Et comme j'ai toujours été mauvais acteur, cela se remarque comme le nez au milieu de la figure. En tout cas, moi je le vois – même si, quelque part, j'ai dû me montrer suffisamment convaincant puisque cela a très bien marché pendant quelques années... Aujourd'hui, je me sens bien mieux dans ma peau : on me connaît *aussi* pour mon sens de l'humour, pour mon autodérision, pour mon sens de la repartie, pour ma causticité, autant de qualités (?) que je m'interdisais de montrer à l'époque, autant de traits de caractère que j'espère avoir réellement ! Nous sommes tous et toutes dans le même cas : dès notre plus tendre enfance, on nous attribue des qualités et des défauts, réels ou imaginaires. À force de s'entendre répéter par certains professeurs qu'on n'est bon à rien, par exemple, on perd le peu de confiance qu'on a en soi et l'on devient réellement un cancre.

À l'inverse, si l'on vous répète à tout moment que vous êtes formidable, vous finissez par y croire et c'est au moins aussi périlleux ! Nous jouons tous un rôle dicté par notre éducation et notre entourage ; je me suis vu attribuer à trente ans celui de chanteur populaire et je tente depuis, avec plus ou moins de bonheur, mais toujours avec sincérité, de ne pas décevoir tous ceux et celles qui me voient ainsi.

La célébrité a plein d'avantages, évidemment, loin de moi l'idée de cracher dans la soupe. Mais elle entraîne parfois d'autres phénomènes pas très agréables : j'ai souffert, pendant de longues années, de fans vraiment envahissantes, ce que les Anglo-Saxons appellent les *stalkers*, celles qui poursuivent les stars sans répit. Il s'agit de vraies hystériques, au sens médical du terme, qui sont capables de rôder tout le temps devant le domicile de l'objet de leur obsession et qui, pour attirer son attention, sont capables de tout, jusqu'à se suicider. Un soir, j'étais dans un restaurant où Patrick était censé me rejoindre. Comme il n'arrivait pas, je l'ai appelé et il m'a dit, affolé : « Il y a une morte devant la porte. Je ne sais pas quoi faire. » J'ai sauté dans la voiture, je suis allé rue des Francs-Bourgeois, où nous habitions, et, en effet, il y avait un corps inerte devant chez nous, une espèce de folle que j'ai reconnue aussitôt : il y avait un moment qu'elle me poursuivait de ses assiduités. Comme je l'avais vu faire au cinéma, je suis allé dans la salle de bains chercher un miroir pour le lui mettre sous les narines. De la buée s'est formée : elle respirait encore. J'ai appelé les pompiers, qui ont aussitôt fait le nécessaire. Cette pauvre fille avait fait une tentative de suicide devant chez moi dans le seul but d'attirer l'attention sur elle. Je ne peux pas totalement lui en vouloir parce qu'elle a rendu possible, à une autre occasion, l'arrestation d'un cambrioleur : comme elle était toujours devant l'immeuble, elle avait relevé le numéro d'immatriculation de la voiture, ce qui avait permis de retrouver mon voleur et de récupérer son butin. Il s'agissait d'un garçon qui sortait de prison et m'avait écrit des lettres de fan depuis sa cellule. Il s'était procuré mon adresse personnelle et, une fois sorti, n'a rien trouvé de mieux que de venir exercer ses talents chez son idole !

Mon fan-club se chargeait bien sûr d'envoyer des photos dédicacées à tous ceux qui en faisaient la demande, mais il fallait opérer un tri : je me rappelle que mon bureau m'avait apporté une lettre dans une enveloppe où il était bien indiqué « Fan-Club de Dave, Bateau La Solitude, Paris 3e ». Mais la missive commençait ainsi : « Cher Julien, j'adore tes chansons, pourrais-tu s'il te plaît m'envoyer... etc. » Le « fan » en question écrivait la même lettre à plusieurs chanteurs et il s'était trompé d'enveloppe ! Ça calme... Cette anecdote me fait penser à un copain de Patrick, collectionneur d'autographes. Un jour, il avait écrit à Katherine Hepburn. Celle-ci lui avait répondu une lettre tapée à la machine par sa secrétaire, qui disait : « Mme Hepburn ne donne jamais d'autographe... » Et c'était signé Katherine Hepburn !

J'ai reçu des tonnes de lettres, y compris des demandes en mariage, ce qui n'est pas très original. Georges Moustaki, notre voisin lorsque nous habitions sur l'île Saint-Louis, me racontait qu'à chaque fois qu'il partait en concert, que ce soit par les autoroutes de l'Est, du Nord, du Sud ou de l'Ouest, il y avait une fan qui faisait du stop à la sortie de Paris et, quand il arrivait au gala, elle était déjà là... Comment font-elles ? Elles sont toujours là, partout, tout le temps. Je me souviens de cette fille insupportable, qui n'était pas gâtée par la nature et qui était souvent sale, pour couronner le tout. Au début, elle me faisait pitié et nous avions échangé quelques mots. Très vite, elle s'était incrustée et, chaque fois que je la voyais, je la rembarrais, parfois en des termes assez cruels, pour qu'elle comprenne qu'elle devait cesser de m'emmerder. Que faisait-elle dans ce cas-là ? Elle allait voir mes musiciens et leur disait : « On est en froid avec Dave, pour l'instant, mais ça va s'arranger. » Comme si nous formions un couple ! Même quand je l'engueulais, elle était heureuse, parce qu'elle avait un contact avec moi... Le mieux, quand on rencontre des fans allumées de ce calibre, c'est de les ignorer. Chaque année, en janvier, je renouvelais mon agenda en recopiant toutes les adresses du précédent, que je jetais ensuite. C'est comme ça que je me suis rendu compte qu'une fille faisait mes poubelles : elle avait récupéré toutes les coordonnées de mes relations et ne cessait de les appeler, à toute heure du jour et de la nuit ! Une autre a mis le feu dans ma boîte à lettres, au risque de causer un incendie. Je me souviens d'une femme mariée, avec des enfants, qui a rencontré une autre fan, plutôt virile : elles s'étaient mises en ménage et m'avaient envoyé des photos de leur appartement. Chez elles, il y avait un autel pour honorer leur chanteur préféré ! Cela me fait penser à l'histoire de ce fan de Johnny qui collectionne, entre autres, les bouteilles d'eau minérale qu'il arrive à l'idole de jeter dans le public après s'être désaltéré . il paraît qu'il possède chez lui une série de bouteilles avec de l'eau croupie, soigneusement conservées et étiquetées « Johnny au Zénith, 1984 », Johnny à Bercy, 1987 », « Johnny au Parc des Princes, 1993 ». Pour lui, c'est comme de l'eau bénite : un peu de la sueur et de la salive de son idole se sont mélangées à leur contenu !

Dans les années soixante-dix, on ne parlait pas encore de mes « préférences sexuelles ». Pourtant un jour, du côté de Perpignan, je me rappelle un homme, qui était venu frapper à la porte de ma caravane.

— Tu connais *La Mendigote* ? m'avait-il demandé.

C'était une boîte de pédés fameuse à l'époque. Poser cette question était, comme dans la franc-maçonnerie, un signal, une connivence. Ce n'était même pas une entrée en matière pour me draguer, il voulait juste me dire : « J'ai compris qui tu es. Je suis comme toi ! »

Je sais qu'il y a des chanteurs dont je ne donnerai pas les noms, qui abusent de leurs fans. Je ne sais pas comment ils font. C'est facile, mais je ne pourrais pas. L'admiration que ces filles me portent m'empêche de leur faire plaisir de cette manière, même quand elles sont demandeuses. L'idole, l'icône ne touche pas ; elle reste sur son piédestal. Il me revient toujours l'image de ce film joué par un acteur shakespearien très connu : une fan vient dans sa loge à la fin de la pièce et il lui met directement les mains sur les seins pour la peloter. La fille est totalement perdue, parce qu'elle est venue lui exprimer sa totale admiration ; lui l'a prise pour une groupie prête à s'offrir à sa lubricité. Cette image, qui me hante, m'a toujours bloqué. Mon envie de plaire et de ne pas décevoir est plus forte que le désir sexuel. Et Dieu sait si, parfois, la chair est faible...

J'ai déjà parlé de l'*Élysées-Matignon*, où je suis beaucoup sorti dès la fin des années soixante-dix. Parmi les choses les plus fortes que j'ai vécues dans ce haut lieu de la vie nocturne, je me souviens des bœufs improvisés avec Gainsbourg. Il y avait au rez-de-chaussée, dans le restaurant, un piano qui sortait d'une trappe dans le sol par un mécanisme électrique. Plusieurs fois je me suis retrouvé chantant des blues accompagnés au piano par Gainsbourg, bourré, bien sûr, mais juste ce qu'il faut. Il avait peut-être une forme de tendresse pour moi grâce à Charlotte, parce que, suivant Jane, j'étais son idole. Je n'ai pas rencontré Charlotte depuis pour lui demander confirmation. (Patrick, qui lit au-dessus de mon épaule, me dit qu'il a parcouru une interview où Charlotte avouait qu'enfant, elle avait un « goût de chiottes » ! Mais elle ne m'a pas cité...)

Sophie Marceau et Emmanuelle Béart m'ont confié que j'étais leur idole de jeunesse. Ça fait toujours plaisir. Mais bon, elles étaient petites...

Le récit de Patrick, troisième partie

Être le compagnon d'une vedette qui se fait poursuivre dans la rue par des groupies échevelées n'est pas une position des plus confortables. Si à certains moments ça pouvait m'amuser, à d'autres j'étais terrorisé. L'affaire de la « suicidée », en particulier, m'avait causé un choc. Comme Dave vous l'a dit plus tôt, j'étais pourtant bien placé pour savoir ce que c'est qu'être fan avec tout ce que cela peut comporter d'irrationnel et d'excessif. Ma vénération pour Françoise Hardy me mettait terriblement mal à l'aise quand je la croisais alors que nous étions voisins, au début des années soixante-dix, rue Saint-Louis-en-l'Île. À l'idée de lui être importun ou qu'elle puisse imaginer, ne fût-ce qu'une seconde, que je l'épiais ou que je la harcelais, j'avais envie de raser les murs, qu'elle ne me remarque pas, alors que nous faisions nos courses chez les mêmes commerçants. J'éprouvais même quelque scrupule à aller faire mes provisions de fruits au moment même où elle achetait ses légumes !

C'est en observant les filles qui tentaient d'approcher mon baladin hollandais promu idole que j'ai appris à faire la distinction entre fan et admirateur. « Fan » vient de fanatique, ce n'est pas un hasard : certaines m'inquiétaient vraiment. Il y avait les malades qui faisaient nos poubelles à la recherche de

Dieu sait quel précieux détritus, ou celles qui attendaient pendant des heures, planquées dans l'escalier. Parmi elles, certaines avaient une vraie lueur de démence dans l'œil. L'admiration tournait à l'obsession : à l'évidence ces filles-là avaient une vie affective soit inexistante, soit très déséquilibrée et compensaient leur mal-être en se rendant insupportables, ce qui pouvait leur donner l'impression d'exister un peu, serait-ce en négatif. Rien à voir, bien entendu, avec celles qui demandent gentiment un autographe et qui sont folles de joie d'être prises en photo avec leur idole. Je parle des vraies tarées que, par la force des choses, j'ai croisées en vivant à ses côtés. Très peu se sont montrées menaçantes à mon égard. Pourtant, malgré ma discrétion, certaines devaient supposer (ou savoir, pour les mieux informées) que j'occupais la place qu'elles convoitaient... Par périodes, elles pouvaient être carrément envahissantes et ça ne pouvait que me déranger, mais je tentais de me raisonner en me disant que c'était probablement le prix à payer pour ce succès disproportionné.

Depuis près de trente ans, à moins d'être à l'étranger, dans un pays où l'on n'a jamais entendu parler de Dave, je n'ai plus jamais pu, avec lui, me balader en toute liberté dans la rue. On le reconnaît, naturellement : le plus souvent ça se limite à un petit coup d'œil discret ou à des gens qui se font du coude, parfois on le regarde comme une bête curieuse, on l'apostrophe, on parle de lui comme s'il était sourd, on lui lance une vanne. Quelque part, je suppose qu'il ne doit pas trouver ça insupportable, sinon il aurait arrêté ce métier depuis longtemps !

Contrairement à ce que l'on pourrait imaginer, je n'étais pas très impliqué dans la carrière de mon compagnon. Très vite, les choses que je ne cherchais d'ailleurs pas à contrôler m'ont échappé. Autour de lui, le cercle était pourtant restreint : il ne s'est pas retrouvé entouré par une cour de conseillers, assistants, secrétaires, larbins et pseudo-amis, comme le sont tant de vedettes. Pour les disques, il écoutait Jean-Jacques Souplet. Pour les tournées, il faisait confiance à Franck Thomas. Pour sa promotion, il s'en remettait à Robert Toutan et Marie-Laurence Gourou. Parfois, il me demandait mon avis sur telle ou telle décision à prendre et il m'est arrivé de le conseiller un peu sur le plan vestimentaire. Avec le recul, je me dis que je n'aurais peut-être pas dû... Que de fautes de goût ! Cela dit, entre les conseils que je lui donnais et ce qu'il décidait finalement de porter, il y avait souvent une marge d'erreur. (Ceci pour me disculper un peu.)

Au milieu de toute cette folie, j'étais au moins rassuré sur un point : le succès ne lui était pas monté à la tête. Fondamentalement, il n'avait pas changé : il était toujours le Dave que j'avais connu passant la soucoupe au *Who's Bar* ou chantant dans la troupe de *Godspell.* On voyait toujours les mêmes gens qu'avant, qui n'étaient pas en extase devant lui et pouvaient même se montrer critiques par rapport à ce qu'il chantait, ce qui a dû l'aider aussi. Avec le recul, il prétend s'être pris en flagrant délit de grosse tête par rapport à des réactions qu'il a pu avoir dans certaines circonstances, alors que je les trouve parfaitement naturelles : est-ce être prétentieux ou mégalomane que d'exiger le minimum de respect auquel chacun a droit ? Il lui est arrivé également, de peur de passer pour une star capricieuse, de « s'écraser ». J'ai à cet égard un souvenir très précis : dans un restaurant pourtant réputé, on lui avait servi un steak aux reflets verdâtres... Dave l'avait remarqué, mais il n'osait pas dire que c'était immangeable et qu'il fallait lui en donner un autre. Je suis donc allé signaler au serveur que la viande était avariée, et devant sa réaction désinvolte, c'est moi (le premier surpris) qui ai fait un véritable scandale, au point de gêner mon camarade, à qui l'on a cependant apporté ensuite de la nourriture décente. D'un naturel timide, je ne suis pas du tout du genre à me manifester dans les lieux publics, mais cette fois-là, c'est la colère qui a pris le dessus ; ça dépassait les bornes. J'avais l'impression que les patrons du resto avaient voulu le mettre à l'épreuve, genre : « Le petit con qui chante à la télé, on va lui servir ça et on va bien voir s'il ose dire quelque chose ! ». Ils ont vu... mais pas ce qu'ils attendaient.

Dave n'est pas pour autant l'humilité faite homme. Bien avant d'être connu, comme je l'avais remarqué le soir où, pour la première fois, je le voyais chanter, il a toujours eu une attitude vaguement arrogante et pas mal d'aplomb. Mais pour quelqu'un qui n'avait jamais connu autre chose qu'une petite notoriété de quartier – dans le sixième arrondissement, en l'occurrence – il était passé à la vitesse supérieure sans dommages collatéraux. Il n'y avait pas laissé sa lucidité... Quant à moi, je me tenais plutôt à l'écart. J'assistais de temps en temps aux galas : j'y allais surtout pour observer les réactions du public sur des chansons qui me tenaient plus à cœur que celles qu'on connaissait. Je ne peux pas dire que cela me faisait toujours plaisir : je me rendais compte que ce qui fonctionnait, au final, c'était ce qui marchait déjà. Quand je tentais une évolution qui me paraissait plus excitante, des textes plus personnels, ça fonctionnait moins bien auprès du grand public. Dans les salles, il y avait beaucoup d'adolescents, de prépubères, des familles. Des gens qui voulaient surtout entendre les tubes.

On a coutume de dire que le public a toujours raison. Je n'en suis pas totalement convaincu : à trop vouloir se conformer à ce qu'il attend, on esquive certaines prises de risque qui auraient pu donner des résultats intéressants. Mais sans doute n'y avait-il pas d'adéquation entre ce vers quoi je tendais et ce que l'auditeur attendait de Dave. Peut-être aussi n'avais-je pas assez de talent pour imposer une écriture de meilleure qualité. Cependant, j'étais à peu près sûr d'une chose : c'est qu'en stagnant, en restant dans ses marques, on finit par lasser (encore que quelques exceptions prouvent le contraire) ; à l'inverse, en évoluant trop brutalement, on court aussi le risque de décevoir. L'idéal serait de surprendre sans déconcerter... et j'avoue humblement n'y être pas arrivé.

Pour le reste, je me tenais en retrait : sur les tournages des Carpentier, par exemple, on ne m'a jamais vu. J'estimais ne pas y être à ma place. Je vivais ma petite vie. Je gribouillais mes textes, je lisais mes livres, j'écoutais ma musique – qui n'était pas la sienne.

Tout en habitant ensemble, nous menions des existences plutôt parallèles et je n'ai jamais eu la sensation qu'il m'envahissait avec le côté « moi je » dont souffrent beaucoup de ses confrères ; sa générosité et son égalité d'humeur ne sont pas une légende et le mettent à l'abri des travers que l'on prête habituellement aux stars : l'obsession de la carrière et l'égocentrisme. En un mot comme en cent, Dave n'est pas difficile à vivre : je le suis sans doute beaucoup plus que lui et je lui trouve, entre autres qualités, celle de pouvoir me supporter !

11

Rassurez-moi !

Patrick est trop gentil : je le sais très bien, moi, que je suis égocentrique. Je pense en revanche que loin d'être un défaut, c'est l'une des conditions nécessaires pour survivre dans le monde moderne. Tout le monde devrait l'être un peu plus : en demandant davantage de respect pour soi, on en donne plus aux autres. Je crois que les artistes, quelle que soit leur discipline, ont exactement les mêmes névroses ou psychoses que n'importe quel autre être humain mais à un degré peut-être supérieur : certains sont franchement paranoïaques, d'autres très nettement schizophrènes, tous sont égocentriques et nombrilistes à des degrés divers. En ce qui me concerne, tout s'est décidé dès mon plus jeune âge.

Je crois en effet que j'ai toujours eu besoin d'« être quelqu'un ». Il fallait toujours que je me fasse remarquer, j'étais déjà la vedette de mon école maternelle, où j'avais fait gober à mes petits condisciples que j'étais le fils d'un grand chef indien. En primaire, ça ne s'est pas arrangé, d'autant que j'étais le meilleur nageur de toute l'école. Pour éblouir une fillette dont j'étais tombé amoureux, entre neuf et douze ans, je battais régulièrement mon record en apnée : je restais deux, trois minutes sous l'eau, m'entraînant inconsciemment à améliorer un souffle déjà hors du commun, ce qui m'a beaucoup aidé, plus tard, quand j'ai décidé de devenir chanteur... J'étais également bon élève et je me croyais très populaire. C'est au lycée, quand un jour je me suis présenté à l'élection des chefs de classe, persuadé que j'allais obtenir une large majorité, peut-être même plus de quatre cents voix sur six cents, que j'ai compris que je n'étais pas si populaire que ça : imaginez ma déception lorsque le décompte des voix ne m'en a accordé que quatre-vingts... Comme quoi on peut être connu sans être obligatoirement populaire !

Quand, à Saint-Tropez, on commençait à me faire miroiter que je pourrais devenir une grosse vedette de la chanson, je répondais sincèrement que cela ne m'intéressait pas d'être reconnu à Strasbourg quand j'étais à Saint-Trop... À un moment, nous avions décidé, Joost et moi, de quitter la Côte pour aller faire un tour en Corse, à Saint-Florent, un petit port de pêche adorable où nous comptions passer quelques jours de vacances. Le premier soir, on est allés boire un verre dans un café sur le port : au bout d'un quart d'heure, je m'ennuyais ferme, je me retrouvais touriste au milieu des touristes et je détestais ça. Le lendemain, j'ai pris ma guitare et je suis allé chanter. J'avais besoin d'être reconnu, d'être applaudi, même par quelques personnes à la terrasse d'un troquet en Corse ! Inutile d'avoir fait des études poussées en psychanalyse pour deviner ce qui me motive : j'ai besoin d'être rassuré. Rassurez-moi ! Demandez-moi des autographes ! Venez me voir en concert ! Je suis un grand malade ! J'ai besoin de votre amour !

Quand je suis devenu une vedette, même dans un style qui ne me correspondait pas tout à fait, comme je l'ai dit plus haut, j'ai concrétisé à la puissance mille ce à quoi j'avais aspiré toute ma vie. J'ai lu quelque part que le succès embellit : c'est flagrant lorsqu'on compare les portraits de n'importe quelle star du cinéma ou de la chanson entre le moment où elles étaient jeunes et celui où elles sont devenues célèbres. Et cela même sans l'aide de la chirurgie esthétique. Tout le monde a vu des photos de Norma Jean Baker au sortir de l'adolescence. Vous seriez-vous retourné sur elle, dans la rue (je parle aux garçons et à certaines filles) ? Non, sans doute : en revanche, quand elle est devenue Marilyn Monroe, vous auriez vendu votre mère pour l'approcher ! Je ne sais si le succès m'a transformé physiquement (quoique, quand je vois de vieilles photos de moi à dix-huit ans, grassouillet, avec mes lunettes de bigleux, j'aie des doutes) mais je pense qu'il m'a aidé à trouver ma place. Je me suis senti mieux dans ma peau, ça m'arrangeait plutôt pour exister.

Un jour de 1979 que je me trouvais à Florence avec Patrick et un ami, je me suis rendu compte dans la rue qu'on se retournait sur cet ami, qui était très beau, ainsi que sur Patrick, qui l'est aussi, mais pas spécialement sur moi. Je n'avais plus l'habitude de ce genre de situation : en France, c'est moi que les gens regardaient ! Mais en Italie, j'étais un parfait inconnu. Puis on s'est assis dans un café, où un très joli garçon m'a regardé longuement. Je tenais ma revanche ; j'ai dit aux deux autres : « Vous voyez, je plais aussi pour moi-même. »

Eh bien pas du tout : le garçon était français, il avait reconnu le chanteur...

À partir du moment où l'on bénéficie de cette sécurité-là, que l'on est déjà quelqu'un avant même de parler, ça aide, mais ça fausse tout. Je suis assez cynique pour ne pas trop en souffrir et je sais que cela m'a permis de trouver une certaine assurance. J'existe à travers une image, même si celle-ci est en partie fausse. Je n'ose imaginer l'enfer que vivent les stars planétaires : Brigitte Bardot à la grande époque, les Beatles (l'un d'entre eux, ne l'oublions jamais, a été assassiné par un fan), Michael Jackson, Madonna ou Tom Cruise... Ils ne peuvent aller nulle part sans être harcelés. Pour ma part, lorsque j'avais un trop-plein de ce vedettariat, durant mes années paillettes, il suffisait que j'aille faire un tour en Allemagne ou en Grande-Bretagne. Je passais quelques semaines par an dans un pays où je n'étais personne : cela me faisait un bien fou. Après, je revenais en France et j'étais de nouveau Dave. Et je reprenais le chemin des hit-parades.

Jean-Jacques Souplet avait trouvé la mélodie de *Mon cœur est malade* en Grande-Bretagne, où elle avait été un tube pour les Wombles sous le titre *Banana Rock* au printemps 1974. Les Wombles n'étaient pas un groupe mais des bestioles couvertes de fourrure dans une série télé que les mômes adoraient outre-Manche au point d'acheter en masse leurs disques, composés par le producteur Mike Batt : ces simili-Muppets totalisent là-bas une dizaine de tubes. Comme quoi Souplet avait du flair : il fallait avoir l'idée d'aller chercher une chanson pour moi dans l'équivalent anglais de l'Île aux enfants ! La première fois que je l'ai écoutée, je ne peux pas dire que j'aie sauté au plafond, mais j'ai trouvé ça énergique. Patrick a écrit le texte, avec le clin d'œil à sa copine Laura, mais, sitôt écrit, il l'a renié et ne voulait même pas le signer ! L'arrangement était signé Guy Matteoni, un musicien que j'avais croisé à l'époque où je galérais à Marseille : il travaillait au *Vamping*, une boîte qui avait été fermée entre-temps à la suite d'une immense bagarre pendant un concert de la chanteuse Nancy Holloway (qui avait eu un gros tube dans les années soixante avec *T'en va pas comme ça*, adapté du fameux *Don't Make Me Over* de Burt Bacharach et Hal David pour Dionne Warwick). Le *Vamping* avait rouvert ensuite sous un autre nom, *Le Real,* ce qui rappellera sans doute plein de bons souvenirs à mes lecteurs marseillais ! Comme chanteur, Matteoni avait lui-même sorti un disque qui avait eu un petit succès : *Dis-moi Donovan...* Il m'avait accompagné avec son orchestre à l'époque où j'étais totalement inconnu, en 1967-1968. Je gagnais 220 francs pour chanter le samedi soir, le dimanche en matinée et le dimanche soir. Un peu plus de 70 francs par concert, c'était le Pérou !

Il n'empêche qu'en revenant du studio, le soir de l'enregistrement de *Mon cœur est malade*, Patrick et moi avons failli nous séparer.

— Cette chanson est vulgaire et horrible ! me disait-il, ne trouvant pas de qualificatifs assez durs pour me convaincre.

Mais je faisais confiance à mon directeur artistique et, une fois de plus, il ne s'était pas trompé. Trois 45 tours, trois tubes !

Pendant l'été 1975, la concurrence est rude : les premières places du classement de RTL sont trustées par *L'Été indien* de Joe Dassin, *Un accident* de Michel Sardou, *Les Acadiens* de Michel Fugain, *Aimer avant de mourir* de Sheila, *J'ai encore rêvé d'elle* d'Il Était Une Fois, *Hey Lovely Lady* de Johnny et *I'm Not In Love* par le groupe anglais 10CC. Le 19 juillet, j'entre à la trente-sixième place avec *Dansez maintenant*, qui est l'adaptation de *Moonlight Serenade* de Glenn Miller, un chef d'orchestre qui avait connu la gloire des deux côtés de l'Atlantique au lendemain de la Seconde Guerre. Deux mois plus tard, j'occupe fièrement la troisième position, mais déjà mon nouveau 45 tours est prêt : *Du côté de chez Swann* entre à la dixième place du hit-parade de RTL à la mi-octobre tandis que *Dansez maintenant* se retrouve en tête des ventes chez moi, aux Pays-Bas ! Heureusement que j'ai sous la main toutes mes archives : tout se passait tellement vite que je n'ai de cette époque que des souvenirs fragmentés.

J'étais naturellement très fier d'exporter la chanson française en Hollande, où j'avais eu deux petits succès quelques années plus tôt, dont un chanté en néerlandais (*Niets Gaat Zo Snel* : Rien ne va si vite ! »). Chaque jour, Jean-Jacques Souplet me tenait informé de la progression de mes disques dans différents pays européens : il me faisait tourner la tête, je confondais les hit-parades français, espagnols, belges et hollandais. Je sais en revanche que *Swann* s'est très vite retrouvé numéro 1 du hit-parade d'Europe 1, désormais baptisé le « hit SLC-MAT » pour *« Salut les copains-Mademoiselle Âge Tendre »*. Un beau jour, Souplet me dit que j'ai dépassé en France les 700 000 exemplaires. Alors que je finis cette année de fou à l'Olympia, en vedette américaine du show d'Annie Cordy, mon premier album est enfin publié (sur la pochette, on me voit en compagnie de mon chien Mangas, alias « voyou » !) et je me retrouve en couverture du magazine *SLC*, qui publie un reportage photo où l'on me voit avec mon père à Paris. L'article, complètement débile, prétend que je ne « l'avais plus vu depuis dix ans », ce qui est évidemment une invention du journaliste pour donner à son papier un peu de piment sensationnaliste...

L'année 1975 se termine. Parfois, je me demande comment je suis arrivé à rester sain d'esprit, d'autant que les cadences infernales ne montraient aucun signe d'affaiblissement et que la presse s'était emparée de ma vie privée : il était même question que je me marie dans les plus brefs délais !

12

Tu mens comme si c'était imprimé

Quand on se retrouve, comme ce fut mon cas au milieu des années soixante-dix, toutes les semaines au sommaire des magazines pour teenagers et des hebdos à sensation, il devient très vite urgent de trouver des idées de reportages. C'était le rôle de mon autre attachée de presse, Marie-Laurence Gourou – Robert Toutan s'occupant lui de la radio et de la télévision – et des rédacteurs en chef avec lesquels elle était quotidiennement en contact. Or, au contraire d'autres magazines qui traitent de la musique, la presse rock, par exemple, les lecteurs (essentiellement des lectrices) des *OK*, *Salut* et autre *Podium* ne s'intéressaient absolument pas à la musique elle-même : ils achetaient les disques de leurs idoles, les connaissaient par cœur et, pour le reste, voulaient rêver en regardant des photos mises en scène, en lisant des histoires plus ou moins extravagantes, avec des rebondissements dramatiques, des affaires romantiques et des bons sentiments. C'était une sorte de sitcom permanente avec des acteurs récurrents qui apparaissaient au gré de leurs succès dans les hit-parades, des petits nouveaux qui parfois ne duraient que le temps d'un ou deux épisodes, sans oublier les vétérans comme Johnny Hallyday, Claude François et Sylvie Vartan, qui étaient là depuis le début de la série !

Affirmer dans ces conditions que les reportages étaient à l'époque « arrangés » est très en dessous de la vérité. Ils étaient en réalité bidonnés de A jusqu'à Z. Parfois, nul besoin d'inventer une histoire : on me proposait un reportage photo dans un pays exotique, tous frais payés, et tout le monde y gagnait. J'assouvissais mon envie de voyager, je bronzais aux frais de Daniel Filippacchi, ce dernier vendait du papier à ses lectrices et celles-ci rêvaient en me voyant entouré de jolies vahinés à l'autre bout du monde (ce n'était pas toujours le cas : parfois il s'agissait plus prosaïquement d'un « Week-end avec Dave à Amsterdam » !).

Avec *Salut*, *Podium* ou *OK Magazine*, mais aussi avec *France Dimanche* et *Ici Paris*, j'ai monté avec ma maison de disques beaucoup de « coups ». J'avais pris le parti de trouver ça totalement anodin, parfois un petit peu ridicule, mais globalement sans conséquence. Les reportages avaient une double fonction : promotionnelle en ce qui me concerne et « socioculturelle » pour les lecteurs. Personnellement, je ne lisais pas plus ces ancêtres de la presse people, à l'époque, que je ne parcours *Gala*, *Voici* ou *Paris Match* aujourd'hui, mais je conçois parfaitement que l'on puisse prendre du plaisir à les feuilleter.

Je ne me suis jamais senti coupable de monter un faux reportage. Je me souviens d'une fausse cure de sommeil dans une clinique, avec des médecins et des infirmières qui jouaient le jeu (l'Ordre des médecins était laxiste, en ce temps-là). D'un évanouissement « pipeauté » à la fin d'un gala, alors que je chantais les dernières notes de *La Décision* : même mes musiciens n'étaient pas au courant, pour que leur expression, sur la photo, soit sincèrement catastrophée. Seul mon garde du corps, Roméo, un bel Antillais aux yeux bleus, était dans la confidence : il avait bondi sur la scène pour me soulever et m'emporter *backstage,* en prenant son temps pour que les photographes puissent faire leur travail, comme il était prévu. Un technicien, en coulisse, croyant que j'étais réellement tombé dans les pommes, se mit à me gifler à toute volée : je m'étais redressé brutalement, à sa grande surprise, pour lui dire « Ça va pas, non ? » Le scénario exigeait ensuite que je remonte sur scène, à bout de forces, pour finir mon récital. Ce que j'avais fait, vacillant mais digne, sous les ovations. Tout cela devait m'offrir la une d'un magazine, mais elle m'est finalement passée sous le nez : Serge Lama avait décidé cette semaine-là d'annoncer un énième mariage !

Des fausses fiançailles, des fausses annonces de mariage, j'en ai monté un paquet. Dans mon cas, c'était inévitable : il n'était pas question de parler de Patrick et de ma vie privée. Pour le documentaire *Bleu Blanc Rose,* racontant trente ans d'homosexualité en France, le réalisateur m'a demandé si je possédais des documents sur certains de ces faux mariages. J'ai appelé les services des archives de *France Dimanche* et *Ici Paris*, et leur ai demandé de m'envoyer ce qu'ils avaient. Lorsque j'ai reçu leurs colis, je n'en revenais pas : j'avais oublié le nombre de fiancées qui étaient prétendument passées dans mes bras. J'en ai reconnu plusieurs : Saskia, une amie d'enfance (dont j'avais été sincèrement amoureux... quand j'étais en CM2 !) ; Louise, ma meilleure amie ; Marie-Laurence Gourou, ma directrice de la promo à CBS (eh oui : il faut être prête à tout, mesdemoiselles, dans les métiers de relations publiques !) ; Patricia Ferrari, l'une de mes choristes ou encore la star de l'ancien Paradis latin, une très grande et très belle Hollandaise nommée Herma Vos, qui me dépassait d'une bonne tête. J'ai également été fiancé avec Vicky Leandros, une Grecque vivant en Allemagne qui avait représenté le Luxembourg et remporté le premier prix du grand concours Eurovision de la Chanson en 1972 avec *Après toi,* qu'elle chantait en français (décidément, à cause de mes origines sans doute, les journalistes m'inventaient des amours très européennes !). Je me souviens aussi d'une championne de tennis avec qui, d'ailleurs, j'aurais bien échangé quelques balles et plus si affinités...

Je n'avais aucun problème moral au sujet de ces reportages, ou plutôt de ces tissus de mensonges. Tout n'était pas mauvais dans ces revues, au contraire : dans *OK Magazine*, par exemple, il y avait une rubrique courrier où l'on donnait des réponses intelligentes et très positives aux questions que se posaient les jeunes lectrices (et lecteurs !) sur la sexualité.

Parfois ma mère me téléphonait et me demandait si j'allais mieux, parce qu'elle avait lu que j'avais dû être hospitalisé d'urgence pour dépression nerveuse. Je lui répondais : « Maman, le jour où j'entrerai dans une clinique, tu seras prévenue avant la presse ! C'est pareil pour les fiançailles. Si un jour je me fiance *vraiment,* je t'appellerai la première ! » En

Hollande, nous avons un proverbe qui dit : « *Je liegt alsof het gedrukt staat* », ce que l'on pourrait traduire par : « Tu mens comme si c'était imprimé. » Autrement dit, si c'est imprimé quelque part, c'est probablement un mensonge !

Je me souviendrai toujours d'un jeune boxeur amateur, originaire de Grenoble, spectateur de l'un de mes Olympia. Il était fan de mes chansons. Ses copains du gymnase, qui l'avaient appris, se moquaient de lui : « Comment peux-tu aimer ce Dave ? C'est un pédé ! » Évidemment, le garçon avait été déstabilisé par cette information, il avait un méchant doute. Quand je l'ai vu entrer dans ma loge, au vu de sa carrure, j'ai cru qu'il allait me rectifier le portrait. Eh bien pas du tout : il m'a chaleureusement serré la main. « Merci ! Merci ! » ne cessait-il de répéter. Sous son bras, il avait un *Ici Paris* qui annonçait l'imminence de mon mariage.

— Félicitations ! me disait mon boxeur en me broyant les phalanges. Quand je pense que ces connards m'ont dit que tu étais pédé ! Merci, merci de te marier...

Je l'ai revu, il y a quelque temps. Toujours aussi chaleureux. Bizarrement, on n'a plus évoqué le sujet...

Le 22 juillet 2002, lors d'un gala, je faisais comme d'habitude le mariolle en chantant *Mon cœur est malade* et – comme je le raconterai plus loin en détail – je suis tombé de la scène. Résultat : triple fracture ouverte, j'ai souffert le martyre. Un photographe d'*Ici Paris* l'a appris et m'a appelé pour me demander si j'acceptais qu'il vienne me photographier dans la clinique de Cavaillon où l'on allait m'opérer. Il ne pouvait, pour des raisons techniques de bouclage du journal, venir que le jour de l'opération ! J'ai hésité. Puis j'ai songé aux concerts que j'étais supposé donner en août : le médecin m'avait assuré que je serais sur pied, quoique avec des béquilles, au bout de quelques jours. Je n'ai effectivement dû annuler qu'un seul concert et il m'importait que le public et surtout les organisateurs soient au courant : voici pourquoi, mollement étendu sur mon « lit de souffrance », sortant de l'anesthésie générale, ce qui était cette fois parfaitement véridique, je me suis retrouvé début août en couverture du magazine, avec en fin d'article la confirmation que les galas de ma tournée d'été étaient bien maintenus.

Cela me fait penser à Gainsbourg, victime d'une crise cardiaque en 1973, alors qu'il enregistrait – coïncidence troublante – la chanson *Je suis venu te dire que je m'en vais.* Envahi par la déprime, alors qu'il passait quelques jours de convalescence à l'Hôpital américain de Neuilly, c'est lui-même qui avait appelé *France-Soir.* Il voulait que les lecteurs sachent qu'il avait échappé à la mort et qu'ils compatissent à sa douleur : lui aussi avait un besoin pressant, à sa façon, d'être rassuré !

Si Marie-Laurence Gourou n'avait aucun souci pour m'obtenir des reportages dans la presse jeune et la presse people de l'époque, il n'en était pas de même pour les journaux dits « sérieux » : pour le moindre entrefilet dans *L'Express*, il fallait sortir les avirons et ramer comme des malades. Le mépris des grands hebdos d'information à l'égard des chanteurs populaires n'avait pas de limite : autres temps, autres mœurs. Au début de la carrière de Julien

Clerc, son parolier Étienne Roda-Gil avait cru un moment qu'il allait séduire les lecteurs du *Nouvel Observateur* : il avait bientôt déchanté. Le contenu poétique et souvent surréaliste des chansons de Julien n'avait ému aucun intello ; en revanche, le public de *Salut les copains* lui avait aussitôt fait un triomphe... Comme quoi on peut cibler un public et tomber rigoureusement à côté ! J'avais très envie, naturellement, de plaire *aussi* à la presse sérieuse. Un jour, Marie-Laurence m'a organisé une rencontre complètement ratée avec Danièle Heymann, rédactrice en chef des pages culture de *L'Express*, à l'époque. Généralement, quand on planifiait ce genre de rendez-vous, j'arrivais à séduire, mais cette fois-là, je me suis bien planté – ce qui m'arrive assez peu, si vous me permettez d'être un tantinet prétentieux. En sortant du déjeuner, j'étais pourtant persuadé du contraire : fanfaron, je pensais que je l'avais séduite. Ratage complet : Danièle Heymann avait vu clair dans mon jeu – comme le dit l'adage, ce n'est pas à un vieux singe qu'on apprend à faire des grimaces – et d'article on ne vit point la trace...

Je me suis rattrapé depuis, à d'autres occasions, d'autant que la frontière invisible et mouvante entre la « grande chanson » et la « chanson populaire » a eu tendance à s'estomper, en tout cas dans le système de valeurs auquel se réfèrent les journalistes de la grande presse d'information (le grand public, lui, a compris depuis longtemps). C'est à l'une de ces journalistes que je dois d'avoir entendu, pour la première fois, l'adjectif « ringard » accolé à mon nom. Cela s'est passé dans les années quatre-vingt-dix, au moment où j'émergeais péniblement de mes années de galère et, croyez-moi, cela m'a marqué au fer rouge. La journaliste n'avait rien d'une ravissante idiote, au contraire : elle avait décidé de me provoquer, sans trop se soucier du mal qu'elle pouvait éventuellement me faire, tant il est vrai qu'il est des mots que l'on peut penser pour soi-même mais que l'on déteste entendre dans la bouche des autres. Venue pour le compte de *France-Soir*, elle m'a posé sa première question froidement, sans hésiter, alors qu'elle était confortablement assise dans *mon* canapé et que je venais de lui servir une tasse de thé Darjeeling et des cookies :

— Mais dites-moi, Dave, cela vous fait quoi d'être un ringard et un *has been* ?

J'ai trouvé cela assez fort et plutôt culotté. Je ne me suis pas démonté pour autant. Sans rien laisser paraître, sans élever la voix, j'ai commencé à lui répondre, posément. Une heure plus tard, j'avais réussi à la retourner comme une crêpe sans qu'elle s'en rende compte. Résultat des courses, elle a écrit toute une page sur moi et elle m'a rappelé ensuite pour me dire que son petit ami lui avait fait une scène après avoir lu l'article : « T'es amoureuse de Dave ou quoi, c'est quoi ces embrouilles ? » Elle était vraiment venue pour me casser ; quant à moi, je n'avais rien fait d'autre que raconter ce que je raconte habituellement dans une interview, avec cette différence que je l'avais regardée droit dans les yeux durant toute l'heure de l'entretien, en essayant d'exprimer par mon regard des velléités sexuelles très fortes... Je l'ai joué sexe, ça a marché, elle est tombée dans le panneau et ma vanité est ressortie gonflée à bloc de cette épreuve qui aurait pu mal tourner.

Il est erroné de croire que tous les artistes adorent parler d'eux et sont toujours prêts à raconter leur vie. Pour un exhibitionniste dans mon genre, qui parle librement de tous les sujets, même les plus tabous (en France, il ne s'agit plus du sexe, mais de l'argent), combien de chanteurs ou d'acteurs n'ont jamais levé le moindre petit bout de voile sur leur vie privée ? D'autres sont devenus experts à ce petit jeu en y injectant une dose plus ou moins flagrante de cabotinage. Au début de sa carrière, le chanteur et comédien Marc Lavoine n'était pas vraiment ce qui s'appelle un bon client dans le jargon de la télé : plutôt touchant dans sa maladresse. Était-ce de la timidité, de la pudeur, une réelle difficulté à parler de lui ? En tout cas ses interviews étaient aussi éprouvantes pour lui que pour le journaliste ou le téléspectateur. Aujourd'hui, impossible de l'arrêter : il est devenu brillant et il le sait.

Sur scène, je le sais, je suis un cabot de compétition. Je n'y peux rien : je m'amuse comme un fou, je me dédouble, je me regarde presque plus que le public ! Mais il en est de bien plus forts que moi. Je suis allé voir *Knock*, au théâtre de la Porte-Saint-Martin, avec Michel Serrault. À côté de lui, je suis un gamin ! Et j'ai l'excuse d'être seul sur scène. Tandis que Serrault est entouré d'autres acteurs, qui sont loin d'être des débutants. Mais cela n'a aucune importance : il sait pertinemment que le public est venu pour lui et lui seul, du coup il ne joue pas pour la salle, mais *avec* elle. Il respecte à peine le texte et le reste de la troupe, il fait son one man show et la salle lui fait un triomphe. Ce n'est pas du tout une critique : il est formidable ! Tant que l'artiste est généreux, tant qu'il donne aux spectateurs, il est inattaquable. Dans le genre, Léo Ferré m'en a bouché un coin. Quel cabot ! Son public, composé en majorité de gens exigeants, politiquement engagés, avec même une bonne poignée de vieux anarchistes, se « faisait avoir » par le vieux Léo, qui était malin comme la guenon qu'il avait apprivoisée et qu'il adorait. Comment lui jeter la pierre ? Si le public y trouve son compte, ça pardonne tout !

13

Intermède « collègues de bureau »

Je pense être gentil, courtois et j'y tiens. Mes parents m'ont bien élevé, c'est tout. Je ne considère aucune des règles qui m'ont été inculquées comme dépassées, d'un autre âge ou encore comme l'expression d'une quelconque hypocrisie. J'ai toujours vu sourire ma mère, qui était danseuse, même quand elle montrait tout simplement des positions à la barre. Toujours souriante, toujours disponible. Pour moi, être artiste, c'est aussi ça.

Faire des efforts vestimentaires, me laver les cheveux fait partie de ma manière de me préparer pour la scène.

Aznavour, au début des années soixante, a écrit à ce sujet une chanson définitive et cruelle : *Tu t'laisses aller.* Ce qu'il disait à cette occasion se situait dans le cadre d'une relation amoureuse mais cela a valeur universelle : la question n'est pas tant de respecter les autres que de se respecter soi-même. En tant qu'artiste, le devoir est triple : dans l'ordre des priorités, je veille à mon apparence pour moi, pour ceux que j'aime et pour mon public.

Parmi les autres qualités que l'on me prête, je suis

plutôt bon camarade avec mes « collègues de bureau », autrement dit les autres chanteurs. On me connaît aussi pour ma franchise et ma sévère allergie à la langue de bois. C'est pourquoi je vous propose maintenant un petit intermède people, une galerie de portraits et d'impressions glanées en trente ans de métier, livrés dans le désordre, au hasard de mes souvenirs.

Serge Lama

Pendant quelques années, Europe 1 a organisé des Olympiades, une sorte de convention à laquelle des artistes étaient conviés. Une année c'était au Club Med à Marrakech, l'année suivante au Kapa Club, à Hydra, en Grèce. Un soir, au bar, Serge Lama m'a abordé et m'a dit : « Avec les succès que tu as maintenant, il faudrait que tu ailles plus loin sur le plan des paroles. » Je l'ai regardé en me demandant de quoi il me parlait. Son tube du moment était *Les Petites Femmes de Pigalle*...

Claude François

En 1974, après le triomphe du *Mal-Aimé*, il était arrivé quelque chose d'inouï dans la carrière de Cloclo : avec une chanson country qu'il avait initialement rejetée, la trouvant trop larmoyante, il s'était retrouvé à la tête du plus gros succès de sa carrière. Deux millions et demi de 45 tours vendus pour *Le Téléphone pleure* chanté en duo avec la petite Frédérique, la fille de sa fidèle assistante Nicole Gruyer. De simple tube, la chanson s'était transformée en phénomène de société, comme *Les Divorcés* de Michel Delpech l'année précédente, qui traitait d'un sujet similaire. Les cadences de vente étaient montées à 80 000 exemplaires par jour, à une époque où il suffisait parfois de vendre 100 000 disques en une semaine pour se retrouver numéro 1 du hit-parade de RTL (des chiffres qui ont malheureusement beaucoup baissé aujourd'hui). Il serait absurde de parler dans son cas de creux de la vague mais l'année suivante, celle où j'explose, les ventes de ses 45 tours (*Toi et moi contre le monde entier*, *Le Chanteur malheureux*) sont nettement plus modestes. Il arrivait aussi que ses galas ne fassent pas le plein ; en un mot, Cloclo devait surveiller la concurrence. Ce qu'il avait toujours fait, au point de devenir l'éditeur de son propre magazine, *Podium*, pour se venger d'années de frustration au cours desquelles il avait eu l'impression, tout à fait fondée, d'être en permanence le numéro 2 de *Salut les copains*, derrière Johnny. Dans son journal, il se mettait en couverture tous les mois, naturellement, mais il avait l'intelligence de la partager avec d'autres : avec moi, notamment, pendant des années. Mais aussi avec Michel Sardou, qui pourtant, à son tour, avait lancé son propre canard : *MS Magazine*, fin 1975. Comme le rappelle le romancier Yann Moix dans son best-seller *Podium*, un journaliste au service de Sardou s'était permis un jour de dire du mal de Cloclo dans un article annoncé en couverture par une photo désobligeante, qui le montrait en action, sur scène, quelque peu échevelé, sous le titre « Au fou ! ». Claude, très digne, avait répliqué en invitant Michel dans un « Numéro Un » à la télé qui lui était consacré...

J'étais un concurrent pour Claude, d'autant que physiquement, et vocalement, nous étions relativement proches, mais il a toujours été d'une correction exquise avec moi. Il pouvait être extrêmement drôle et chaleureux. Il possédait une vraie présence, un vrai charisme : je l'écoutais beaucoup quand on dînait ensemble. Je suis naturellement bavard, mais, en face de lui, je me taisais et j'écoutais. Il était très intéressant, non seulement quand il parlait du métier, qu'il connaissait comme sa poche, mais au-delà : il était cultivé et, malgré sa vie de cinglé, se tenait au courant de ce qui se publiait ou sortait dans les salles de cinéma. Il était fascinant et intimidant : je ne l'ai jamais vu piquer l'une de ses colères légendaires, mais il émanait de lui une sorte d'autorité naturelle.

Il était également ambitieux et arriviste, et je ne suis ni l'un ni l'autre, mais il pouvait aussi se montrer assez grossier. Je me souviens à ce sujet de deux anecdotes : la première concerne un disque distribué gratuitement dans un numéro de *Podium*, que nous avions enregistré ensemble, Claude, Sheila, Sardou et moi. Pour la pochette, il fallait une photo de nous quatre et, pour éviter de faire un montage, une séance spéciale avait été mise sur pied dans le studio du magazine. Je me souviens que Michel, Sheila et moi l'avons attendu pendant deux heures, alors que nous étions chez lui ! Pour des petites choses comme celle-là, il pouvait se montrer très peu respectueux des autres. Je me souviens aussi d'une émission de télé à laquelle nous avions participée, Claude et moi, à l'occasion de l'ouverture de l'Oratorio de Lyon. Claude était déjà avec Kathleen, sa dernière compagne, celle qui était à ses côtés quand il est mort. En allant de la loge vers le restaurant, Claude me dit : « Restons ensemble, mangeons à la même table, si tu veux. » Je suis d'accord, bien entendu, mais au moment où l'on arrive dans la salle du restaurant quelqu'un s'approche de lui pour lui demander de venir à la table de monsieur le maire. Sans hésiter ni même s'excuser, il nous a plantés là. Moi je m'en foutais totalement, mais faire ça à Kathleen, je ne trouvais pas ça terriblement galant...

Mireille Mathieu

Mireille était très gentille avec moi jusqu'au jour où nous nous sommes retrouvés dans une émission de télé en Suisse. Elle était la vedette de l'émission, elle chantait deux chansons, tandis que moi et les autres n'en chantions qu'une seule. L'émission se passait en public et, à la fin, une mère a poussé sa petite fille, portant un bouquet de fleurs, vers Mireille Mathieu, alors que nous l'avions tous rejointe pour la finale. Entre Mireille et moi se trouvait Roger Pierre, qui, pour rigoler, a dit à la petite fille : « Viens par ici, ma petite chérie. » Du coup, l'enfant, totalement paumée, au lieu d'aller vers Mireille, est venue vers moi et, pendant le générique de fin, on voit clairement que c'est à moi qu'elle offre les fleurs. Après l'émission, l'attachée de presse de Mireille est venue me voir : « Mlle Mathieu donne une soirée au Hilton, mais vous n'êtes pas invité. » Plus tard, à la première d'un film à laquelle assistait également Tino Rossi, elle s'est vengée et s'est débrouillée pour me faire déplacer du fauteuil qui m'était destiné, à côté de Tino. Nous autres artistes, nous sommes restés très enfants...

Dans les loges d'une émission de télé, il y avait toujours deux artistes qu'on ne rencontrait pas : Mireille Mathieu et Sheila, toutes deux pour les mêmes raisons ; leurs managers les « enfermaient ».

Elles ne sortaient qu'au moment de faire leur prestation. Il y a quelques années, nous avons participé à un hommage à Maritie et Gilbert Carpentier, à l'occasion d'une émission spéciale. Nous étions tous réunis. La seule qui n'est pas sortie de sa loge, croyant que les choses n'avaient pas changé, c'était Mireille Mathieu ! Et quand finalement ce fut son tour, elle a traversé les coulisses, où ne se trouvaient que des vedettes, sans voir personne. Elle a juste dit « Bonsoir, Charles » à Aznavour.

Sheila

Du temps où Claude Carrère la produisait, Sheila était totalement préservée. Elle restait dans sa loge, enfermée à double tour. Je ne l'ai réellement rencontrée que des années plus tard, lorsqu'elle a enfin été libre de ses mouvements. Quand nous avons travaillé ensemble, pour la présentation de SLC Salut les copains sur TF1 pendant l'été 1995, j'ai découvert une fille chaleureuse, bosseuse, gentille, avec qui s'est établie très vite une réelle complicité. Sheila fait partie de ces filles que l'on prend pour des connes et que l'on traite comme telles (je ne parle pas seulement des humoristes, mais d'idées largement répandues dans les médias) alors qu'elle est à l'exact opposé. Sheila a été manipulée par son producteur, par ses attachés de presse et par les journaux eux-mêmes quand elle était trop jeune pour pouvoir se défendre. Savez-vous combien d'années et combien de souffrances il lui a fallu endurer pour surmonter les horribles rumeurs que l'on a fait courir à son sujet ?

Johnny Hallyday

Des gens tels que Sheila, Françoise Hardy, Sylvie Vartan ou Johnny Hallyday sont de fascinants sujets d'étude. Ils sont tous devenus des stars à l'âge de dix-sept ou dix-huit ans et ont, dès ce moment, perdu totalement le contact avec la réalité. Leur métier et leur célébrité leur ont volé, d'une certaine manière, une partie de leur jeunesse ; j'ai eu la chance que ça m'arrive beaucoup plus tard, à trente ans et pas dans les mêmes proportions. Ma première rencontre avec Johnny remonte à 1969, au *Rock' & Roll Circus*, ce qui ne nous rajeunit pas. J'étais inconnu, j'avais dû faire deux ou trois disques pour Barclay. On nous a présentés et j'ai été comme tout le monde aussitôt sensible au charisme incroyable qui émane de lui. C'est totalement animal. Comme chacun sait, il est plutôt mal à l'aise en interview, au point de donner l'impression d'être inculte. Bien avant les Guignols, il était déjà ridiculisé par les chansonniers. Mais lancez-le sur un sujet qu'il aime et qu'il maîtrise, comme le cinéma ou le rock'n'roll par exemple, il est parfait.

Il me revient une anecdote qui remonte au tout début des années quatre-vingt : nous étions affalés, dans un état proche du Tennessee, au rez-de-chaussée de l'*Élysées-Matignon*. Voilà que passe sous nos yeux la belle Mimi Coutellier et Johnny, question d'être sympa, lui demande : « Est-ce que tu es toujours... » – sans doute voulait-il savoir si elle était toujours avec Jean Yanne – et moi je le coupe et je finis sa phrase : « ... au même prix ? » et là j'ai vu Johnny partir dans un fou rire interminable. Ma blague idiote et insultante (j'ai honte, mais je la raconte quand même) n'en méritait pas tant mais, quand il a repris son souffle, il m'a dit une chose qui m'a beaucoup frappé, alors qu'il pleurait encore de rire : « Celle-là, il faut que je la raconte à Sylvie... » Ils étaient séparés depuis des années, il n'avait pas encore rencontré Nathalie Baye, mais Sylvie était toujours celle qui comptait le plus pour lui !

Festival de Provins

Parmi les événements télévisuels des seventies, le festival de Provins occupait une place particulière et donnait lieu, tous les ans au début de l'été, à une grosse émission de télé produite par Michèle Arnaud, dont les accointances avec le monde politique d'alors étaient avérées. Le maire de Provins était Alain Peyrefitte et l'émission réalisée par Jean-Pierre Spiero. En 1977, on m'a proposé de la coprésenter – pour la première fois, j'étais animateur télé – avec Joëlle, la très jolie chanteuse du groupe Il Était Une Fois disparue quelques années plus tard. J'avais proposé à Michèle Arnaud, qui n'en voulait pas, de programmer Yves Duteil, dont j'aimais bien la chanson *Virages*. Il s'apprêtait à sortir l'album qui contenait *Tarentelle* et *Le Petit Pont de bois* ; finalement la productrice a cédé et je suis content de lui avoir donné ce modeste coup de pouce... À Provins, je me souviens de la rencontre avec George Chakiris, le chanteur et danseur de *West Side Story*, ainsi que de la Rolls-Royce et de la gentillesse de Nino Ferrer, qui avait déjà la réputation d'être un ermite, dégoûté par le show-biz. J'étais et suis peut-être encore un peu groupie moi-même...

Yves Montand

Le charisme d'Yves Montand m'a impressionné. J'ai toujours été client du chanteur. J'avais été l'applaudir à Bobino : son spectacle était réglé au millimètre, mais j'avais marché à fond, très bluffé par la façon qu'il avait de « vendre » les paroles de Prévert. Il savait faire apprécier ses textes, grâce à une diction parfaite et à son accent inimitable, et quelque chose dans sa manière de chanter me touchait ; l'excès de professionnalisme ne gomme aucunement l'émotion ! L'homme m'a séduit quelques années après, lorsque j'ai eu le bonheur de le rencontrer sur le tournage de *Jean de Florette.* J'ai vu se diriger vers moi le Papet, que je n'avais jamais rencontré, en train de fredonner *Est-ce par hasard ?*. Montand chantant ma chanson, ça m'a fait plaisir ! D'autant plus plaisir que cela se passait à la fin des années quatre-vingt, quand je touchais le fond...

Gilbert Bécaud

Bécaud m'a fait un coup un peu comparable, lors d'un Olympia, mais cette fois-là j'aurais préféré disparaître six pieds sous terre. Sur scène, Bécaud me séduisait complètement : c'était une bête et son surnom de « Monsieur 100 000 volts » n'était absolument pas usurpé. On lui a dit que j'étais dans la salle, ce qui en soi ne présentait aucun intérêt, d'autant que nous nous connaissions à peine : Jean-Jacques Souplet avait fait les présentations un soir que nous nous étions croisés au petit restaurant chez Castel. Il s'est servi de ma présence, demandant à ses techniciens que soit braqué sur moi un projecteur, une « poursuite », comme on dit, au moment où il attaquait la chanson *Salut l'artiste !*. Les gens se retournaient, je ne savais plus où me mettre : j'ai souri bêtement en le maudissant un peu de s'être servi de moi. Dans sa situation, aurais-je usé de la même ficelle ?

Thierry Le Luron

Thierry était vraiment un copain, quelqu'un que j'ai beaucoup fréquenté et dont la mort m'a fait beaucoup pleurer. Il me racontait ses galas pour des entreprises, un créneau où l'on peut gagner pas mal de sous et où il était très demandé. Il faisait souvent la couverture de *Jours de France*, un hebdomadaire très luxueux dont le propriétaire s'appelait Marcel Dassault et que l'on trouvait dans tous les salons de coiffure et les salles d'attente des médecins, à croire que les capilliculteurs et les généralistes étaient abonnés de force... Le général de Bénouville, qui dirigeait le magazine, ne devait pas beaucoup m'aimer : je n'ai jamais eu les honneurs de la « couve ». Un jour nous avions donné un gala en Vendée, Dalida, Julio Iglesias et moi. Karen Cheryl ne chantait pas, mais elle présentait les festivités. Il avait été convenu que nous fassions des photos pour deux couvertures de *Jours de France*, la première avec Dalida et Julio, la seconde avec Karen Cheryl et moi. Celle-ci devait paraître au moment du lancement de la série télé *Dickie Roi*, écrite par Françoise Mallet-Joris d'après son roman, dont j'étais la vedette. En six épisodes d'une heure, *Dickie Roi* évoquait le phénomène des idoles et de leurs fans : Patrick Juvet avait été pressenti pour le rôle, mais il avait décliné l'offre, comme j'aurais sans doute dû le faire. Non seulement je m'étais à cette occasion teint les cheveux en blond platine, mais en plus les critiques ont été monstrueusement mauvaises. Du coup, le vieux général a fait sauter ma couverture de *Jours de France* et, quand j'ai raconté l'affaire à Thierry Le Luron, il était mort de rire. C'était un artiste d'une grande générosité, avec lequel je m'amusais beaucoup. Il m'a régulièrement invité dans son émission sur Europe 1 et nous nous croisions souvent le soir, dans les bars du côté de la rue Sainte-Anne, haut lieu de la communauté gay à Paris à cette époque. Nous dînions régulièrement à l'*Échelle de Jacob*, la cantine de Thierry où l'on croisait toujours Manouche, qui était une figure du Tout-Paris, et Jacques Chazot, que j'aimais bien. On s'y amusait beaucoup. Un soir, alors que nous quittions cet endroit, Thierry est monté dans sa Mercedes et moi dans la mienne. J'avais le modèle en dessous, elle était nettement moins puissante. Nous nous sommes retrouvés côte à côte au feu rouge et, au moment de démarrer, il m'a laissé sur place. Ça m'a tellement énervé que le lendemain je me suis commandé la même Mercedes que lui. C'est con, les vedettes, non ?

Gérard Lenorman

La seule véritable rivalité que j'aie vécue malgré moi avec un artiste, c'est avec Gérard Lenorman. Nous avions le même directeur artistique, Jean-Jacques Souplet, qui était très accaparé par ma carrière, après s'être énormément occupé de la sienne. Gérard lui en voulait, je prenais trop de place, simplement parce que ça marchait. Pourtant ça ne l'empêchait pas d'enfiler les tubes : après *Michèle*, il y avait eu *Gentil Dauphin triste*, *Voici les clés*, *Un ami* :

jusqu'en 1978, quand on analyse les hit-parades, son parcours est sans faute. C'est à cause de Gérard que j'ai acheté « mon beau camion blanc ». Je me répète : ça peut être con, une vedette de la chanson !

Mike Brant

J'ai dit et je le pense toujours : quelque part j'ai rempli un vide laissé par Mike Brant. Nous nous sommes croisés à plusieurs reprises, dont la dernière quelques semaines avant sa mort, survenue un triste jour du printemps 1975. Il avait déjà fait une tentative de suicide en Suisse, en se défenestrant. En décembre 1974, il est encore numéro 1 du hit-parade de RTL avec *Qui pourra te dire* puis Michel Sardou prend sa place avec *Une fille aux yeux clairs* : je les talonne tous deux, me retrouve en deuxième position mais celui qui, sur cette radio, m'empêche d'accéder à la première place se nomme Pierre Perret : son *Zizi*, si j'ose dire, me bouche l'horizon !

Et puis Mike est mort, en suscitant un choc considérable parmi ses fans ; seule la mort accidentelle de Claude François, en 1978, fut encore plus traumatisante. Quelques années plus tard, j'avais pris rendez-vous avec Simon Weintraub, son producteur, pour lui faire écouter les maquettes de mon ami Charlie Brutus McClay. Pendant l'après-midi qu'avait duré notre entrevue, il n'avait pas cessé de me parler de Mike : il était totalement obsédé par sa mort, jusqu'à la névrose, et soupçonnait des gens de l'entourage du chanteur. Comme dans le cas de Claude François, les thèses les plus fantaisistes entouraient sa mort. On affirmait que Mike prenait de puissants analgésiques pour calmer les souffrances que lui causaient ses fractures, suite à sa première tentative de suicide, mais aussi pour supporter une autre maladie, plus grave que la dépression, qui se cachait derrière tout cela. D'après ce que j'ai compris, à un moment, il a voulu arrêter les calmants – et la drogue, comme on l'a souvent entendu – parce qu'il ne voulait pas terminer comme un légume. Ce serait pour cette raison, rendu fou par la douleur, qu'il aurait décidé de se jeter à nouveau par la fenêtre, sans se rater cette fois. J'ai toujours trouvé très étrange qu'après m'avoir dit tout cela, Simon Weintraub se soit lui-même suicidé, en se tirant une balle dans la tête en plein de Bois de Boulogne.

Plastic Bertrand

Plastic était probablement le chanteur le plus stylé et photogénique du show-biz. Il est étonnamment joli à l'image. Et pas spécialement « en vrai », enfin selon moi. Dès ses débuts en 1977 avec *Ça plane pour moi*, il a vendu sa salade avec une aisance extraordinaire. Un petit diable, faramineux à la télé, bluffant ! Lors de la première de ces fameuses Olympiades organisées par Europe 1, ils avaient loué le Club Med à Marrakech, qui était fermé pour le public. Il n'y avait que des vedettes et des journalistes. Nous étions soixante artistes pour une centaine de journalistes radio, télé et presse écrite. Plastic était là. Je me souviens qu'on a joué au foot, avec Claude François et Adamo. J'ai encore une photo de Dick Rivers et moi sur un âne : on ne peut déterminer lequel des trois a l'air le plus idiot ! Nous allions (les hommes) tous ensemble au sauna, à poil évidemment (sauf Adamo). Souvenir, souvenir... À la fin du séjour, les GO du Club Med nous ont expliqué que la tradition exigeait que nous accueillions les nouveaux arrivants. Nous nous sommes donc mis en rang à l'arrivée des autocars, dont sont sortis les vacanciers. Ils ont halluciné. Le premier qu'ils ont vu, c'était Carlos. Derrière, il y avait Johnny, Cloclo, Adamo, Michel Berger, France Gall et des dizaines d'autres stars. Nous leur avons fait une haie d'honneur en chantant « Darla Dirladada ». Ils n'en revenaient pas !

L'année suivante, lors de la seconde Olympiade, en Grèce, Plastic Bertrand avait été réinvité. Pour une raison que j'ai oubliée, au lieu de prendre le bateau d'Athènes à Hydra, nous étions arrivés en hélicoptère, et Plastic s'était mis à faire le con. Du coup le pilote de l'hélicoptère l'avait pris en grippe et avait coupé le moteur pour nous faire peur. Ça ne l'avait pas calmé : un peu plus tard, alors que nous faisions la queue pour manger, toutes vedettes confondues, chacune portant sagement sa petite assiette, il a voulu passer devant tout le monde, Johnny Hallyday compris. Il disait : « Laissez-moi passer ! Je suis le seul ici à être au hit-parade aux États-Unis ! » C'était vrai, mais on l'a quand même remis à sa place, en bout de queue. Non mais !

14

Révolution Souchon

En 1974-1975, les journalistes commencèrent à parler de la « nouvelle chanson française » pour qualifier cette génération d'auteurs-compositeurs-interprètes qui comprend Yves Simon, Gérard Manset, Maxime Le Forestier et Michel Berger. D'autres y furent naturellement associés, comme Véronique Sanson, apparue dès 1972, ou Jacques Higelin, venu du folk underground, qui fit beaucoup parler de lui dès la sortie d'un album rock intitulé *BBH 75*. Certains en furent les héritiers directs, comme Renaud, Francis Cabrel et Jean-Jacques Goldman. Influencés par la pop anglo-saxonne (les Beatles, le rock californien, etc.), ces artistes inventèrent un nouveau style de chanson française, quelque chose de différent et d'intéressant, que les mêmes journalistes opposèrent à la « grosse variété » dont j'étais, bien entendu, un symbole vivant. Comme les petits nouveaux étaient les « bons », nous étions forcément les « mauvais », même si ces jeunes gens ne nous voulaient aucun mal. Quant à moi, comment pouvais-je résister au style et à la prosodie d'Alain Souchon, de très loin, à mon avis, le plus original de la bande ?

Dès la sortie de *J'ai dix ans*, en 1974, avec sa célèbre formule « *t'are ta gueule à la récré* », j'ai apprécié les paroles de cet auteur. Sa manière d'écrire était différente – Patrick vous le dira mieux que moi –, Souchon a été un véritable innovateur. Il existe clairement un avant et un après-Souchon dans l'histoire de la chanson française. Il emploie des slogans publicitaires, des mots venus de la bande dessinée, de l'argot scolaire, il a recours au franglais et aux phrases sans verbe : certains avaient montré la voie dès les années soixante (Dutronc, Ferrer, Gainsbourg), mais il pousse le bouchon nettement plus loin. Comme nous avons démarré au même moment, dès 1975, je l'ai croisé régulièrement dans des studios de télévision, où il venait défendre ses nouvelles chansons, comme *Bidon*.

Dans un premier temps, la coexistence entre cette nouvelle « école » (qui n'en était pas une : la coïncidence a voulu que ces chanteurs apparaissent en même temps ; dès que l'un d'eux a un peu marché, les maisons de disques en ont signé d'autres) et l'univers « variétoche » a très bien fonctionné. L'influence de ces nouveaux chanteurs a été telle que certains ont voulu leur emprunter des idées. À un moment Jean-Jacques Souplet a essayé de me faire chanter une chanson, *Ce soir*, pour laquelle Patrick avait fait un exercice un peu dans le style de Souchon, mais ça ne m'allait pas du tout.

Je n'ai jamais considéré ces chanteurs comme des concurrents. Ce mot n'existe pas pour moi. Musicalement, ce qu'ils apportaient n'était pas franchement révolutionnaire ; c'est au niveau des paroles que ça se passait. J'aurais pu, bien sûr, comme cela m'a été suggéré, changer de parolier ; par définition un parolier a ses mots à lui : inévitablement il arrive un moment où il se répète... On reconnaît un texte écrit par Patrick Loiseau. C'est l'une de mes richesses, et j'en suis fier. On a tenté de m'expliquer qu'il pouvait être intéressant de prendre un autre auteur. Je me souviens d'un directeur artistique disant à Adamo : « Il faudrait peut-être que tu trouves quelqu'un qui t'écrive des chansons. » Dire ça à quelqu'un qui a écrit et composé des tubes qui se sont vendus à des millions d'exemplaires à travers le monde ! On ne peut pas demander à Adamo de chanter une chanson de Didier Barbelivien. Bécaud l'a fait, pourtant, mais il n'était pas parolier. De nouvelles rencontres auraient pu me faire évoluer, changer de style ; on a essayé : j'ai chanté d'autres auteurs, mais ça ne collait pas. Les chansons de Patrick sont bien faites et plutôt trop littéraires mais, pour moi, on ne peut en écrire de meilleures – vous en connaissez beaucoup, des paroliers variétoche qui parlent de Proust jusque dans le titre d'une chanson ? Quand il trouvait des mots justes et simples, je vendais beaucoup de disques. *Est-ce par hasard* ?, qui est l'adaptation du standard américain *Let's Fall In Love* (un tube pour Eddy Duchin en 1934, si vous voulez tout savoir, mais je n'en connaissais que la version par Nat « King » Cole au moment de l'enregistrer), est un exercice de style parfait grâce auquel j'obtins un beau succès en 1977. L'année précédente, comme Patrick avait voulu évoluer, ce qui est humain, on s'était peut-être éloignés du public populaire avec des chansons comme *Tant qu'il y aura*, *Pour que tu me comprennes* et *Hurlevent*, mais elles s'étaient vendues correctement : chacune Disque d'or (plus de 100 000 exemplaires), signe qu'elles avaient plu, mais rien à voir avec les 500 000 disques de *Est-ce par hasard* ?...

Comme nous avons pour points communs d'être hollandais et de chanter en France, j'avais fait un reportage photo avec Dick Annegarn, qui était considéré à l'époque comme un autre représentant de cette nouvelle vague de chanteurs. J'aimais beaucoup sa chanson *Bruxelles*, ainsi que son premier album. À l'époque je ne savais pas du tout qu'on avait un autre point commun. Récemment, j'ai entendu un journaliste affirmer qu'il avait été le premier chanteur à effectuer son coming-out ; comme je l'ai déjà raconté, je l'avais fait bien avant, avec la chanson *Copain, ami, amour*, mais personne ne l'avait remarqué... mais on ne va pas se battre pour si peu !

Les journalistes sont souvent sectaires. Ils ont du mal à concevoir que quelqu'un s'achète le même jour un disque de Garou et le premier album de Vincent Delerm, le « live » de Lara Fabian et le nouveau Keren Ann. Entre nous, je ne pense pas qu'il existe un quelconque sectarisme : je n'ai jamais entendu exprimer le moindre dédain à mon égard dans la bouche de mes confrères chanteurs. Je me souviens toujours de cette phrase présentant Maxime Le Forestier, en 1973, quand il chantait *San Francisco* ; dans *Salut les copains*, ils avaient écrit : « Ce chanteur est autant ravagé par la barbe que par les idées gauchistes. » Visiblement, ils l'appréciaient moyennement. Georges Moustaki m'avait présenté Maxime quelques années plus tôt : nous sommes copains depuis des lustres, mais tentez d'expliquer ça à un journaliste de *Télérama* ! Je me souviendrai toujours d'une rencontre avec Jean-Louis Foulquier dans les couloirs de la Maison de la Radio. Éminent spécialiste de la chanson, animateur de Pollen depuis la nuit des temps, Foulquier est aussi le créateur et le programmateur du festival des Francofolies, à La Rochelle. On se croise et il me dit : « Il paraît que tu as dîné hier avec Françoise Hardy. Ce n'est pas possible ! Je rêve... » Que je puisse manger à la même table que Françoise et avoir avec elle une conversation par ailleurs passionnante lui semblait tout à fait inimaginable. C'est comme si je lui avais annoncé que Frédéric François avait bouffé avec Barbara... Pour certains journalistes, il y a la variété d'un côté et la chanson de l'autre. Dans la première catégorie, on est tous débiles, dans l'autre on ne croise que des génies, des auteurs de talent, des mélodistes hors pair. Il faut avoir trente ou quarante ans de métier dans les pattes pour que certains finissent par admettre, du bout des lèvres : « Si Johnny ou Sylvie durent depuis si longtemps, c'est qu'ils ne doivent pas être totalement demeurés... » Et boum, on se retrouve avec Sheila en première page du *Monde*, pour son Olympia de novembre 2002. Sheila à la une du *Monde* ?

Je le dis et je le répète : je suis un chanteur pop dans le sens anglo-saxon du terme, un enfant des fifties, de Roy Orbison et de Frankie Laine ; j'aime profondément la variété. Il suffit de si peu de choses pour être catalogué dans l'une ou l'autre catégorie ! Prenons un chanteur comme Goldman : dès le début des années quatre-vingt, il a séduit autant le public des très jeunes filles que leurs grands frères. Du coup, on ne lui a jamais accolé le sobriquet péjoratif de « chanteur pour minettes ». Certains s'efforcent de dé-chanter alors qu'ils ont une belle voix.

Quand j'ai entendu l'immense succès que fut *Gaby*, par Alain Bashung, je n'en suis pas revenu. Je connaissais Bashung depuis longtemps : s'il voulait, il chanterait comme Mike Brant. On l'entend d'ailleurs sur ses tout premiers 45 tours, publiés dans les années soixante, dont il a toujours bloqué la réédition et qui sont devenus des collectors âprement recherchés par ses fans. Il s'est fait une voix avec *Gaby*, ce qui lui a permis de démarrer sa carrière, après quinze ans de galère : il avait essayé de faire le bon chanteur, ça n'avait pas marché ; en optant pour cette voix rauque, déchirée, comme passée au gant de crin, il a trouvé son style et ne s'en est plus départi si ce n'est, à l'instar de Gainsbourg, qu'il parle désormais plus qu'il ne chante. Nombreux sont les interprètes, d'Hugues Aufray à Pierre Bachelet, dont les voix chantées n'ont rien à voir avec leurs voix parlées. Adamo ou Étienne Daho chantent comme ils parlent. Je suis prêt à parier que Dylan pourrait chanter autrement. Cela dit, il a bien fait de trouver son style...

Il paraît que Jean-Louis Aubert aurait dit que je chante très bien de mauvaises chansons et que lui en chante très mal de bonnes. C'est sûr qu'il n'est pas Pavarotti. Mais on aime ou on n'aime pas une chanson ; il en a écrit d'épatantes, avec des paroles qui, dans ma bouche, seraient perçues comme une catastrophe culturelle majeure. Comme Patrick a, à ce sujet, une théorie intéressante, je vous laisse un moment en sa compagnie.

Le récit de Patrick, quatrième partie

Avoir de la voix et bramer des âneries, ou ne pas en avoir beaucoup, mais interpréter des choses fines... même si c'est un schéma un peu réducteur, il n'était pas inexact dans l'univers de la variété des années soixante-dix. À l'époque, ces deux tendances coexistaient sans communiquer vraiment, à quelques exceptions près comme Julien Clerc ou Delpech, qui sont de bons chanteurs avec de bons textes. Avec l'arrivée et le succès des Renaud, Alain Souchon, Louis Chédid, Yves Simon et consorts, la chanson à voix prend un vrai coup de vieux. L'écriture devient primordiale et renvoie les rengaines bêtifiantes des chanteurs brushingués à la case ringard. Et ceux qui écrivent leurs textes avec, dont moi.

Ce n'est pas un jugement de valeur mais plutôt un constat. Les artistes les plus représentatifs de la « nouvelle chanson française » qui sont cités dans le précédent chapitre n'ont pas une voix remarquable ni même des timbres bouleversants. En revanche, faute d'avoir une puissance vocale comparable à celle de Mike Brant, de Dave ou même de Johnny, ils ont du style et leurs textes renouvellent et révolutionnent le langage des chansons. Je ressens comme une incompatibilité entre certaines voix et certains textes. *Allô maman bobo* par Mike Brant aurait été du plus haut comique, par exemple.

Dans le répertoire de Dave, l'une des chansons qui marchent le mieux sur scène s'intitule *La Décision*, elle est assez lyrique, emphatique même, et ça lui va bien. Affaire de goût ou d'a priori, en France, les chanteurs et chanteuses à voix sont souvent perçus par les journalistes et par un public branché, donc snob, comme des interprètes décervelés. Il est vrai que leurs paroles sont souvent simplettes quand elles ne sont pas navrantes (je suis malheureusement bien placé pour le savoir). Mais quand bien même ils décideraient de chanter Aragon, Prévert ou Gainsbourg, ça ne changerait pas grand-chose à la façon dont ils sont perçus. On ne décolle pas si facilement des étiquettes.

Il y a toujours eu un net décalage entre les paroles que j'écrivais pour Dave et les textes des chansons que je prenais plaisir à écouter, sans que je me sente pour autant atteint de schizophrénie aiguë. J'avoue que l'arrivée de Souchon m'a terriblement remis en question dans ma façon d'écrire, dont j'ai soudain réalisé à quel point elle était dépassée, scolaire et vieillotte. Et je ne suis probablement pas le seul parolier à m'être pris une claque à l'écoute de ses premiers succès. Il a inventé une autre manière d'utiliser le langage, renouvelant un genre où, depuis Brassens et Gainsbourg, sans oublier Lanzmann et Roda-Gil, on pensait ne plus pouvoir innover. De plus, il a toujours écrit des choses très personnelles et sait les faire passer avec le charme d'un style vocal limité, mais inimitable.

Avec Dave, nous nous sommes situés d'emblée dans une mouvance plus traditionnelle, qui est tout sauf révolutionnaire, très *middle of the road*, pour reprendre la terminologie anglo-saxonne. Il est vrai qu'à entendre ce que chantaient François Valéry, Frédéric François ou C. Jérôme (indépendamment de leurs qualités respectives), je ne considérais pas que nous étions pires quant à la richesse de l'inspiration, mais plutôt dans la moyenne. Cela dit, « moyen » étant assez proche de « médiocre », j'ai tenté avec mon modeste savoir-faire d'évoluer dans le mode d'expression, me heurtant souvent à un écueil tout bête mais bien embêtant : l'accent. Dave a une façon bien à lui de prononcer les mots et de les écorcher ; parfois ça se bouscule un peu au portillon, il éprouve des difficultés avec les « s » et les « ch », le « j », les « g », il lui faut des « e » muets et aussi peu d'élisions que possible. Bref, écrire pour lui n'est pas exactement une sinécure et on est souvent détourné de son propos initial par une simple histoire de phonétique. Un chanteur à accent possède un charme particulier, mais il a plus de mal à interpréter des choses qu'un chanteur franco-français qui fera mieux passer certaines sonorités. D'où, pour ma part, une certaine frustration. En même temps j'ai toujours travaillé consciencieusement et sans le moindre cynisme, m'efforçant d'écrire du mieux que je pouvais, en étant le moins inélégant possible, tentant même de glisser çà et là quelque chose de personnel.

C'est ainsi que *Du côté de chez Swann*, où j'avais « casé » un peu de ce qui m'était cher, donna lieu à une controverse de dernière minute, au moment de l'enregistrement. Jean-Jacques Souplet ne cessait de répéter : « Ce n'est pas possible, les gens ne vont rien comprendre ! ». C'est finalement l'ingénieur du son Bernard Estardy qui avait pris mon parti en tranchant : « On s'en fout que ça parle de Proust, ça sonne bien et les gens comprendront que c'est une chanson sur la nostalgie. » Il avait probablement raison.

Au tout début de sa période de succès, comme Dave n'avait pas encore de fan-club, c'est moi qui récupérais son courrier. Des sacs postaux entiers à dépouiller ! C'était un peu astreignant, mais en même temps, ça m'intéressait de connaître les réactions des petites nanas qui écoutaient ses chansons au fin fond de la France. Celles qui n'avaient pas forcément acheté le disque, mais qui l'avaient entendu à la radio et écrivaient à Dave : « J'adore ta nouvelle chanson,

Du côté de chez toi ! » La référence littéraire leur avait évidemment échappé, mais elles en avaient saisi le sens. Ce qui me conforta dans l'idée qu'on n'était pas nécessairement obligé de viser au ras des pâquerettes pour que ça fonctionne.

Malgré son côté très rengaine, je me suis toujours demandé ce que ce titre aurait pu donner, interprété par l'un des chanteurs de cette nouvelle génération. J'aimerais bien que Dave en fasse un jour une version acoustique, accompagné simplement par une guitare sèche et quelques cordes très sobres. *Du côté de chez Swann* fait partie des quelques titres qui mériteraient d'être revisités et ce ne serait pas inintéressant qu'un producteur de disques ou de télévision soit un jour tenté par l'expérience : beaucoup de grincheux prendraient peut-être la peine d'écouter enfin les paroles et se rendraient compte qu'elles ne sont pas aussi ringardes qu'ils se l'imaginent...

S'il m'arrive sur le plan artistique de suggérer des choses à Dave, ce n'est que de façon ponctuelle et mon influence dans ce domaine est très limitée. En fait, il est depuis longtemps en manque d'une véritable direction, d'un miroir dans lequel il pourrait avoir une confiance totale. Depuis qu'il ne travaille plus avec Souplet, je le considère comme artistiquement orphelin ; il n'a connu depuis que des collaborations de passage, parfois même avec des gens très bien, mais ça ne suffit pas. Quand Souplet lui disait : « Je pense que c'est ce que tu dois faire », il l'écoutait. Ma position personnelle est plus inconfortable, parce que trop proche, et de ce fait, plus ambiguë. Il est déjà difficile d'être en même temps son parolier et son compagnon. Cela peut générer des choses très positives mais occasionner aussi une certaine intrusion de la vie professionnelle dans la vie affective, qui n'est pas toujours idéale pour une bonne entente. Il nous est arrivé d'avoir des conflits sur des chansons que je détestais. Et réciproquement : quand il me refusait un texte auquel je tenais, j'étais capable de faire la tronche pendant plusieurs jours, persuadé à tort ou à raison d'être incompris.

Certaines chanteuses ont partagé la vie de leur mentor, comme France Gall avec Michel Berger, et ça leur a apparemment bien réussi ; d'autres vivent avec leur manager ou leur directeur artistique : Céline Dion, qui est actuellement l'exemple le plus frappant de ce double lien, semble vivre ça très bien, et depuis longtemps. Pour ce qui me concerne, il m'est impossible de porter deux chapeaux en même temps. De même, je ne me suis jamais senti à ma place dans ses tournées ou ses galas ; de temps à autre, très rarement, je vais le voir sur scène et je constate à chaque fois qu'il s'y trouve dans son élément, qu'il semble éprouver un bonheur toujours neuf à chanter ce que je considère, moi, comme des vieilleries. Ça n'a pas l'air d'être un handicap ni pour lui ni pour les spectateurs venus entendre ce qu'ils connaissent déjà par cœur.

Cela dit, aucun public ne lui fait peur, même ceux qui ne lui sont pas acquis d'avance, voire même les salles houleuses. Il doit sûrement cette assurance, entre autres expériences, à la dure école de la manche : il a tout vu, tout connu, tout entendu, et en général il gère bien les situations qui pourraient en déstabiliser d'autres. J'ajouterai que la difficulté a plus tendance à le galvaniser qu'à l'entamer. La séduction, lorsqu'elle opère, puisqu'il s'agit bien de cela, n'en est que plus jouissive. À vaincre sans péril, comme disait l'autre... Quant aux lieux dans lesquels il exerce ses activités de saltimbanque heureux, cela peut passer sans transition d'un vrai théâtre à une salle omnisports, du Sporting de Monte-Carlo à un car podium, d'une salle des fêtes à une estrade montée en plein champ... mais qu'importe l'endroit pourvu qu'il ait l'ivresse et le plaisir de séduire !

15

Il n'y a pas de mauvais public

Je vais être très prétentieux, pour la première fois depuis le début de ce livre (je plaisante, bien sûr) : vous pouvez me faire chanter devant un congrès des notaires, un syndicat de camionneurs, l'amicale des couches Confiance ou, pire encore, devant une école maternelle et je vous promets que je me les mets dans ma poche en moins de trois chansons. J'ai tout fait, aucun public ne me fait peur, sauf peut-être les rédactions des pages culturelles de *Libération* et de *Télérama* – en vérité, je souhaiterais vivement que ces éminents journalistes viennent me voir un soir, n'importe où, mais ils ne viendront jamais.

Dans les années quatre-vingt, quand j'étais contraint et forcé de me produire dans des discothèques, je me suis retrouvé face à des gens éméchés, des gros beaufs machos ou plus simplement des grossiers merles qui, durant un bon tiers du spectacle, se foutaient de ma gueule, vociféraient ou sifflaient. Au bout de vingt minutes, soit je les avais conquis, soit ils s'étaient lassés et étaient allés cuver ailleurs. La seule chose que j'aie rarement entendue, parce que je ne suis pas une femme, c'est : « À poil ! » Je plains mes collègues féminines à qui c'est arrivé : je pense qu'il doit être difficile de faire du bon boulot quand on est victime de ce genre d'attaque, qui se situe au degré zéro du machisme imbécile. On m'a mis une fois à poil, figurativement parlant, au Sporting de Monte-Carlo. Je suis descendu de la scène après avoir reçu un plant de mimosa, motte de terre comprise sur mon smoking noir : il ne s'agissait pas du geste amical d'un fan qui voulait m'en offrir, mais de quelqu'un qui m'avait envoyé à la gueule la première chose qui lui était tombée sous la main. Mon smoking était taché, je voulais retrouver l'auteur de ce méfait, mais il n'a pas eu le courage de se dénoncer.

L'explication de cette ambiance si négative à mon égard venait du fait que l'orchestre qui m'accompagnait (pour la première fois d'ailleurs) n'était pas l'orchestre habituel du Sporting et le public, composé du personnel de ce lieu dont c'était la fête annuelle, avait été remonté par les membres des familles de l'orchestre maison, bien décidés à chahuter ces intrus. Comme quoi il y a toujours une explication, mais on l'ignore parfois...

Cela m'est arrivé à une autre occasion, dans une bourgade dont le nom m'échappe : je ne comprenais pas l'agressivité du public et je n'ai appris qu'après ce qui s'était passé. Entre le moment où j'avais été engagé par la municipalité et celui où j'ai chanté, il y avait eu des élections municipales et la majorité avait changé. Autrement dit, mon contrat avait été signé par un maire de droite et c'étaient un maire de gauche et tout son conseil municipal qui m'accueillaient, à moins que ce ne soit l'inverse, mais le résultat était le même : l'ambiance était glaciale, d'autant que ça se passait en plein hiver du côté d'Albertville. La salle, qui pouvait contenir cinq ou six mille places, était pleine à craquer, mais il y avait une dizaine de personnes qui foutaient la merde. C'est la seule fois de ma vie où j'ai été obligé de quitter la scène. Franck Thomas s'occupait de moi à l'époque et m'a dit en coulisse :

— Dave, on n'a pas encore été payés.

— Ah bon ? Alors je remonte sur scène...

J'ai terminé mon spectacle, ils nous ont réglé le solde, et Franck et moi avons quitté ce bled maudit avec un soupir de soulagement, tout en ayant une pensée désolée pour les cinq mille spectateurs dont la soirée avait été fichue à cause de cette bande d'abrutis. Je n'ai heureusement plus jamais vécu de cauchemar comparable...

Au cours de ma carrière, j'ai chanté pour toutes les tendances politiques du pays, sauf les extrêmes naturellement. J'ai sorti mon premier 45 tours au moment même où Valéry Giscard d'Estaing se faisait élire président de la République mais ce n'est que cinq ans plus tard, lors des premières élections européennes de 1979, que je l'ai rencontré. Un excellent souvenir, d'ailleurs, même si j'avais eu droit ensuite à un article dans *Minute* m'accusant d'être revenu à Paris à bord de l'avion présidentiel. Cela se passait à Strasbourg, j'ai chanté avant son discours. En coulisse, avant qu'il ne monte sur scène, nous avons eu un bref échange, très sympathique. Je me rappelle son regard, je l'ai trouvé assez touchant. De mémoire, nous nous sommes dit ceci :

— Monsieur le président, votre public est formidable, je crois que j'ai bien chauffé votre salle...

— Peut-être, mais votre matériel est plus facile à faire passer que le mien...

C'était comme deux artistes qui se parlaient !

Après avoir participé à la télé à une émission spéciale consacrée à Aragon, j'ai fait pas mal de galas pour les communistes. Pour cette émission, j'avais chanté une chanson de Ferré et mis en musique un poème d'Aragon que j'avais interprété en m'accompagnant à la guitare. Du coup, le PC m'a trouvé tout à fait fréquentable, malgré le fait que j'avais chanté pour Giscard, et il m'a beaucoup fait travailler. Récemment encore, je suis entré dans une fête communiste à Saint-Amand-les-Eaux au volant de ma Mercedes 500, entouré de milliers de gens qui a priori sont contre les grosses berlines...

J'ai pas mal bossé pour le Parti socialiste ; je crois que Pierre Mauroy m'aimait bien et c'était réciproque. J'avais donné quelques galas pour lui avant qu'il soit Premier ministre, et d'autres après mai 1981. Il m'avait envoyé un télégramme pour mon Olympia, l'année suivante : je l'avais invité à la générale, mais il avait été « réquisitionné » par Mitterrand pour la première de Catherine Ribeiro, le même soir à Bobino.

En 2000, j'ai chanté à Mantes-la-Jolie, une cité réputée difficile. C'était un plein air, ça se battait à coups de batte de base-ball. La chanteuse Lââm, qui passait en première partie, avait déjà été bombardée de projectiles et je n'ai pas été épargné non plus mais je voulais, par orgueil déplacé sûrement, faire mon tour habituel, jusqu'à *Vanina.* Ce sont mes musiciens, craignant pour leurs instruments, qui m'ont obligé à arrêter...

Visiblement, l'agressivité des jeunes des cités

n'était pas du tout dirigée contre nous, mais contre la mairie qui avait organisé le gala, ou contre les policiers qui encadraient la manifestation. Ou encore des bandes rivales qui se battaient entre elles.

Pendant l'été 2002, juste avant mon accident, j'avais un gala programmé à Marseille. À mon arrivée, les organisateurs m'ont prévenu : Faudel était venu l'année d'avant, et ça s'était très mal passé, il s'était fait jeter. Sans doute était-il injustement perçu par le public, en majorité beur, comme une sorte de renégat embourgeoisé. De fait, quand je suis monté sur scène, je n'ai vu que des Beurs devant moi. Mais je n'ai eu aucun problème. Je ne vois d'ailleurs pas pourquoi j'en aurais eu !

Sur scène, pour moi, il existe deux écoles : l'école Bécaud et l'école Aznavour. Aznavour chante « vers l'intérieur », de profil, ou carrément tourné vers ses musiciens, dos à la salle. C'est tout juste s'il se préoccupe du public. Bécaud, au contraire, travaillait *sur* la salle, il allait cueillir les gens là où ils étaient, son regard se promenait sur le public : même s'il était aveuglé par les projecteurs, il donnait l'impression de regarder les gens droit dans les yeux. Un soir, j'ai été applaudir Nina Simone au théâtre des Champs-Élysées. Comme Aznavour, elle ignore tellement la salle qu'au bout d'un moment on a envie de se lever de son siège et de crier : « You-hou ! Regardez-nous, on est là ! On est votre public ! Accordez-nous une seconde d'attention ! » Je me suis aperçu que sa technique était très efficace : même royalement dédaigné, son public lui faisait un triomphe. J'ai essayé, mais je n'y arrive pas ; je réussis parfois à ignorer les gens une minute ou deux, mais jamais plus longtemps...

Je crois à la sueur ; tout le monde a vu et revu mille fois la séquence télé où Jacques Brel interprète *Ne me quitte pas.* Je me souviens d'être passé après cette séquence, dans je ne sais plus quelle émission de Guy Lux pour chanter je ne sais plus quelle chansonnette : ce n'était pas évident... Chez Brel, le don de soi était sans égal. Quand, sur scène, j'ai la sueur qui me coule dans les yeux, je pense à Johnny dégoulinant de la tête aux pieds. Plus je transpire, plus je suis convaincu de tout donner. Si je ne donne pas tout, je suis mécontent et insatisfait en quittant la scène.

Est-ce pour cette raison qu'une fois privé de mes musiciens, à partir de 1984, comme je le raconte au début de ce livre, je me suis senti obligé de bouger beaucoup sur scène ? Patrick Loiseau m'aurait-il complexé et traumatisé à propos de *Mon cœur est malade* ? C'est en tout cas sur cette chanson, qu'il trouve minable, que je dépense le plus d'énergie. À un moment, je saute même dans la salle et cours au milieu du public. Plus tard, je grimpe sur les enceintes. En un mot, je fais le singe. À un point tel que le 22 juillet 2002, en interprétant ce titre, je me suis fait une triple fracture ouverte de la cheville en sautant dans la salle, n'ayant pas vu qu'il y avait une marche. Dire que c'est douloureux est très en dessous de la vérité. Ce qui ne m'a pas empêché de me faire remonter sur scène par les membres du service d'ordre, pour terminer mon tour de chant, grimaçant et pleurant des chaudes larmes de douleur, pendant vingt minutes... Le lendemain, je souffrais tellement que je me suis décidé à faire une radio : inutile de dire qu'ils m'ont gardé à l'hosto et opéré en urgence. Jamais je n'avais été hospitalisé – mais

Dieu sait combien j'ai fréquenté les chambres d'hôpital pour accompagner jusqu'à leur dernier souffle des amis emportés par la maladie.

Je me suis donc laissé dorloter, ce qui me ressemble peu. Au bout de deux jours, j'ai découvert ce que c'était d'être déprimé, même si on m'a dit que c'était normal après une anesthésie. Le troisième jour, contre l'avis des infirmières, qui m'auraient bien gardé jusqu'à la fin du week-end, j'ai été libéré sous condition : pas de gala avant dix jours, repos total et doses massives d'analgésiques (que je n'ai pas pris). Je ne me suis arrêté qu'une semaine. Le 3 août, je suis reparti en tournée avec des béquilles et le public, un peu voyeur quand même, m'a fait un triomphe comme j'en ai rarement connu. Ce n'est pas une critique : si le public n'était pas voyeur, il ne viendrait pas voir un artiste qui est, par définition, un exhibitionniste...

Avec mes musiciens, j'avais imaginé une petite mise en scène plutôt sympathique, qui s'est prolongée jusqu'au moment où on m'a enlevé mon plâtre : après mon entrée sur scène, claudiquant sur mes béquilles, l'un d'eux m'apportait un tabouret de bar assez haut, qui me permettait de poser une fesse pour éviter que le pied cassé touche le sol, ce qui m'aurait fait hurler de douleur. Cabot jusqu'au bout des ongles, au moment de chanter *Jezebel*, une chanson très dramatique, comme chacun sait, je me levais, m'accrochais au micro ; quand l'émotion était à son comble, je lâchais le micro et vacillais, tombant presque, j'étais rattrapé à la dernière seconde par mes choristes... Dans *Allô Elisa*, je sautillais sur un pied, en même temps que mon guitariste, tout en me disant que je risquais de me casser l'autre cheville si je continuais à faire l'andouille... Mais le public était content de voir que, malgré ma situation délicate, je donnais tout ce que je pouvais.

Certains devaient se douter que j'avais mal, ce qui était le cas : dans n'importe quelle autre profession, le toubib m'aurait filé un certificat médical et imposé trois mois de repos. Mais ce n'est pas le genre de la maison : je n'ai eu qu'un seul gala annulé au fil de ma carrière. Lors de ma période « galas avec des béquilles », j'ai constaté un phénomène étonnant : avant de monter sur scène, je continuais à souffrir et je me demandais si j'allais y arriver. Et une fois sur scène, grâce à l'endorphine, une substance 100 % naturelle, la douleur s'envolait. Je n'ai pas pu m'empêcher de penser à Édith Piaf que l'on amenait, titubante, voûtée, à bout de forces, jusqu'à son micro et qui, dès que s'ouvrait le rideau, se redressait et chantait avec la puissance que l'on sait... J'ai également découvert à cette occasion qu'il m'était possible d'interpréter certaines de mes chansons de façon beaucoup plus intense, je suis désormais plus intériorisé, je cherche à mieux traduire les émotions : l'expérience m'a fait du bien, finalement. Je danse et me dépense à nouveau comme je le faisais avant mon accident mais plus de façon systématique ; certaines chansons n'ont pas besoin de toute cette agitation.

Je déteste les gens qui veulent donner des conseils, mais avis aux éventuels chanteurs débutants qui liraient ces lignes : évitez de donner des concerts « jointés ». En sortant de scène, on est persuadé d'avoir été génial alors qu'on a été mauvais comme une vache. Je le sais : j'ai fait toute une tournée envapé par le shit.

16

Mourir auprès de mon amour

Rassurons d'emblée les lecteurs du *Figaro-Magazine*, je ne suis jamais tombé dans l'enfer de la drogue. Mais je me souviens d'une tournée intitulée « Les Terrasses de l'été » diffusée tous les soirs par M6, qui eut lieu au début des années quatre-vingt-dix, donc avant mon retour médiatique ; je traversais une période difficile, mes amis mouraient autour de moi, j'avais le moral dans les chaussettes. Je n'étais pas au mieux de ma forme et j'ai cédé à la tentation.

J'ai rarement acheté de la drogue dans ma vie ; cette fois-là, nul besoin de faire des dépenses : on m'en offrait. Le régisseur me préparait un petit pétard tous les soirs et hop, bondissant comme un cabri, je faisais mon tour de chant. Au total, j'ai dû faire une bonne vingtaine de dates jointé, avec Hélène Ségara en première partie (mais il n'y a entre ces deux informations aucun lien de cause à effet).

Au lycée, un jour, j'avais eu un contrôle de version latine et j'avais dû traduire un texte de Tacite. En sortant de la classe, j'étais convaincu d'avoir été génial, je tablais sur un 9 sur 10, un 8 dans le pire des cas. Imaginez la tête que j'ai tirée en recevant mon corrigé : un maigre 6 sur 10. Quand on fait de la scène jointé, c'est pareil : on est persuadé d'avoir 10 sur 10 quand, souvent, on a été très moyen. En descendant de la scène, comme toujours, je demandais à mon secrétaire, qui n'avait pas tiré sur le oinj' (comme disent les djeun'z), si j'avais été bon. Je voyais à sa mine que je ne devais pas attendre de commentaires dithyrambiques.

En trente ans de carrière, nombreux sont les artistes que j'ai vus traverser des périodes « difficiles », comme disent poliment leurs attachés de presse. Certains, qui supportent mal la célébrité ou les aléas du métier – un coup ça marche, un coup on t'oublie –, ont chuté dans l'alcool ou des choses plus graves (mais il y a pire encore que la dope : l'aigreur). J'ai vu tomber quelques victimes sur le bord de la route. J'ai eu mes faiblesses : comme je l'ai raconté plus haut, j'ai pas mal picolé avant de rencontrer Patrick. Mais l'alcool avait de bons côtés : aurais-je osé l'aborder si je ne m'étais pas soûlé au calva ?

J'ai été arrêté par les flics alors que j'étais en cinquième au lycée, je devais avoir treize ans. Ils sont venus m'interpeller en classe, ce qui fait très mauvais genre, parce que j'avais prétendu devant mes copains de classe que j'avais du hasch. L'un d'eux en avait parlé à ses parents, qui avaient prévenu les flics. Je tiens à préciser que cela se passait en Hollande *avant* la révolution des années soixante-dix, avant l'ouverture des fameux *coffee-shops* où l'herbe et le hasch sont en vente libre, ce qui vaut à Amsterdam un tourisme florissant (vous n'imaginez tout de même pas qu'ils viennent *tous* pour le Rijksmuseum ou le musée Van Gogh ?). J'avais l'air malin, encadré par ces deux policiers. Au commissaire j'ai dû expliquer que ce n'était pas vrai du tout, que c'était de la frime, que j'avais voulu me rendre intéressant, comme d'habitude ! Je fréquentais de loin le milieu jazzy, j'avais un copain batteur qui fumait de l'herbe, mais tout ce que j'avais sur moi, c'était du tabac à rouler. Les flics ne voulaient pas me croire, ils m'ont cuisiné un bon moment avant de me relâcher. Je n'ai jamais beaucoup fumé dans les années 1967-1969, à bord de mon bateau à Saint-Tropez puis à Paris, quand je chantais aux terrasses des cafés. Beaucoup plus tard, dans les années quatre-vingt, quand je sortais avec Patrick à l'*Élysées-Matignon*, je fumais régulièrement un petit joint pour me désinhiber. Quand on est totalement sobre, les boîtes de nuit m'ont toujours semblé sans intérêt. Il vaut mieux y aller un peu euphorique... À 2 ou 3 heures du matin, j'acceptais parfois, rarement, une petite ligne que l'on m'offrait, pour pouvoir continuer à fêter Dieu sait quoi...

Je me flatte de dire que le seul plaisir dont j'aie jamais été esclave, c'est celui qui se pratique tout seul, mais ça se calme en vieillissant, merci !

Certains de mes bons amis prenaient un mélange savant de coke et d'héroïne, qui les mettait dans un état épouvantable. Ils se défonçaient sous mes yeux, mais je laissais faire parce que je ne m'attribue pas le droit de faire la morale à quiconque. C'est peut-être une attitude hollandaise. Même s'il s'agit de gens que j'aime, même si les voir se détruire m'attriste profondément. J'ai toujours su que ça ne m'arriverait jamais, ce n'est pas dans mon caractère ; je ne suis pas du genre accro, sauf aux applaudissements du public. Le problème des junkies, c'est qu'ils mentent sans arrêt, trouvant des excuses toujours plus abracadabrantesques pour expliquer un retard ou un travail pas terminé, parfois même pas commencé... Un de mes meilleurs amis, mort du sida, était tombé dedans à l'âge de seize ans. Il était très beau, malgré la came. Il nous posait parfois des lapins, racontant des histoires à dormir debout pour s'en expliquer. Jamais je ne lui ai demandé pourquoi il se défonçait. C'était son problème.

Si on peut gérer une ligne ou un gramme de coke et être sublime, pourquoi pas ? Je n'ai pas de problème moral avec ça. Je ne suis pas autodestructeur et j'ai passé l'âge. Ça m'est arrivé de temps en temps, jamais au point d'en perdre mes dents. À la fin des sixties, c'était marijuana à fond et acide. Mais mon seul trip au LSD, c'était bien avant, encore étudiant en Hollande, et ça s'est mal terminé, avec à la clé le suicide raté d'un copain, qui a eu de la chance de s'en sortir – et qui m'a fait des reproches de l'avoir sauvé, on croit rêver...

Comme tout le monde, j'ai des souvenirs mitigés de soirées jointées. Des rigolades rares, des fous rires. Je me souviens d'une histoire qui a donné lieu à une chanson, *Mourir auprès de mon amour*, qui est devenue un immense succès, mais pas chantée par moi. 700 000 disques vendus par Demis Roussos en 1977 sur un texte de Patrick Loiseau. Je vois d'ici les yeux exorbités des fans de ce considérable Hellène (de ce Grec imposant, si vous préférez) : quoi ? une chanson de Demis inspirée par la drogue ? Laissez-moi vous raconter : Patrick a écrit ce texte pour moi un soir que je pensais que j'allais « mourir ». Nous venions de débarquer à Montréal, où nous attendait l'équipe de CBS, avec laquelle on a très vite sympathisé. Ils avaient organisé une petite soirée où nous sommes arrivés décalqués par le décalage horaire. Au lieu de fumer le hasch mélangé à du tabac dans un joint civilisé, ils piquaient la boulette de shit sur la pointe d'un couteau, la chauffaient, puis il fallait inhaler la fumée avec une paille. J'ai fait tout bien comme ils m'ont dit et je me suis retrouvé paralysé : je ne pouvais plus ni parler ni bouger. Il y avait une quinzaine de personnes autour de moi, je me sentais très mal, mon cœur battait à cent à l'heure et mon angoisse montait en vrille. Je tentais désespérément d'attirer l'attention de Patrick en le regardant fixement : je ne parvenais pas à articuler le moindre mot, ma main pesait une tonne. Finalement, Patrick m'a vu et je l'ai entendu dire : « Je crois que Dave va mal. » Je ne répondais pas. Ils m'ont allongé sur un canapé, Patrick a posé ma tête sur ses genoux, je pensais que j'allais mourir, mais puisque j'allais mourir auprès de mon amour, ce n'était pas grave. Je lui ai raconté cela deux jours après. Voilà comment est née cette chanson... Les gens de CBS-Québec ont eu peur, ils ont appelé un médecin. Le lendemain matin je devais être interviewé par une radio de Montréal, et j'étais encore *stoned.* Je crois que je leur ai raconté quatre fois la même chose, ils me regardaient avec des yeux comme des soucoupes. Deux jours après, j'ai fait ma première grosse télé là-bas, mais je n'étais pas encore tout à fait remis de mes émotions : c'est peut-être pour cela que ça n'a jamais marché pour moi au Québec...

Une dernière anecdote : un jour, je me suis retrouvé à Belem, au Brésil, où j'étais arrivé à bord du *Mermoz.* Le navire faisait escale la journée jusqu'à 21 heures, mais nous avions raté la navette et le bateau était reparti sans nous. J'étais accompagné par Patrick, mon chef d'orchestre et la directrice de la croisière. Nous sommes allés dans une boîte tenue par un Marseillais, un mafioso notoire, je crois. Aux chiottes, on m'a passé un joint, je ne me rappelle plus ce qu'il y avait dedans, je n'ai jamais rien fumé d'aussi fort, il y avait de quoi mettre à genoux une tribu amazonienne ; je me suis senti partir, j'ai traversé la salle et j'ai été m'allonger dehors à côté des poubelles. Mon chef d'orchestre, Gus, ne me voyant plus, est sorti, m'a trouvé dans cet état, et il a pouffé de rire. Il avait pris la même bouffée de joint que moi, celle-ci avait mis deux minutes de plus pour agir sur lui. Il s'est mis à rire, mais son rire s'est transformé en spasme et il s'est mis à vomir comme un geyser. Je revois l'image : on aurait dit un effet spécial du film *L'Exorciste*, avec moi en face qui hurlais de rire, ce qui n'était pas très charitable.

17

« 3615 Dave »

Certains de mes amis m'appellent « 3615 Dave » : disponible vingt-quatre heures sur vingt-quatre, à l'écoute de vos petits soucis et problèmes de cœur, zéro centime d'euro la minute. Il m'arrive que des gens que je rencontre pour la première fois se confient à moi, comme s'il était écrit sur mon front que je suis un bon « écouteur »...

Je fais souvent des concerts sur des paquebots, ce qui m'a permis de visiter des pays aussi lointains que la Birmanie ou le Brésil, ou des villes prodigieuses comme Saint-Pétersbourg. Je suis aussi invité à chanter lors de traversées en Méditerranée. Voilà comment j'assouvis, depuis quelques années, ma passion pour la mer... Je ne reste pas enfermé dans ma cabine, je me balade sur le pont, je prends mes repas avec les passagers et pas forcément à la table du capitaine. Les gens, me voyant disponible, n'hésitent pas à venir me parler. Ils viennent me raconter leur vie, leurs petits bobos. Comme l'espérance de vie de l'homme est plus courte que celle du sexe faible (!), le nombre de femmes seules est plutôt important. Elles viennent souvent me parler, s'imaginant sûrement que j'ai une oreille disponible (j'insiste : une oreille !). J'écoute, je tente de les réconforter, j'arrive à compatir. Je trouve que le mot « compassion » est un des plus jolis mots de la langue française. C'est celui que j'utilise quand il m'arrive de me trouver dans la situation difficile où il faut consoler quelqu'un qui a perdu un être cher. À un ami qui avait perdu sa mère, quelqu'un avait écrit : « Tu viens de perdre une partie d'éternité. » Il m'a confié que cette petite phrase toute simple lui avait fait du bien, et je peux le comprendre. Je crois que c'est Josiane Balasko qui a dit à propos de la mort de Coluche : « Avec le temps le chagrin diminue, mais le manque augmente. »

Lorsque, dans une interview, on me demande si j'ai une idole, ma réponse est invariablement Jésus et Aliocha Karamazov. C'est leur bonté exemplaire qui a frappé le jeune homme que j'étais. Évidemment, je suis comme tout le monde, d'un égoïsme total, mais c'est si bon d'être bon ! Ne nous leurrons pas : c'est souvent pour soi qu'on l'est, peut-être plus encore que pour la personne qui tire quelque réconfort de notre bonté. L'acte de donner – un bouquet de fleurs, un moment d'attention, une petite phrase gentille – est aussi un acte égoïste ! L'admiration que j'avais dans le temps pour mère Teresa, sœur Emmanuelle ou l'abbé Pierre s'est un peu tempérée depuis que j'ai réalisé cette vérité élémentaire. Leurs sacrifices respectifs sont réels, mais ils le font en partie pour eux-mêmes. Aider les miséreux à survivre leur a donné une raison de vivre. Ils sont exceptionnels, le monde irait nettement mieux si nous avions des dizaines de milliers de mères Teresa et d'abbés Pierre, mais ils ne sont peut-être pas si extraordinaires que je le pensais autrefois.

Je suis allé à l'hôpital pratiquement tous les jours voir mon ami Guy durant les derniers mois de sa vie. J'avais presque droit autour de moi à des félicitations : « Tu es vraiment un bon, tu es un véritable ami. » Si j'avais été vraiment bon, j'aurais continué d'aller à l'hôpital après sa mort pour visiter des malades que je ne connaissais pas. Je ne l'ai pas fait. Et lorsque, deux ans après, son ami Nicolas s'est retrouvé dans la même situation, de nouveau je suis allé le voir chaque jour, et j'ai cessé de me rendre à l'hôpital après sa mort. Les gens qui vont tous les jours à l'hôpital ne sont pas forcément des saints. Ça les rassure quelque part, cela justifie leur propre existence, ça les remplit d'un sentiment de devoir accompli qui calme temporairement le sentiment de culpabilité qui est notre lot à tous, après quelques millénaires de culture judéo-chrétienne...

J'ai beaucoup de respect pour ceux qui prennent en charge leurs semblables : les infirmières, le personnel soignant, les médecins de garde, les services d'urgence qui font des heures sup'. Je suis plus nuancé lorsqu'il s'agit des missions dans les pays du tiers-monde : eux aussi font souvent un travail admirable, mais je me demande parfois qui sont ces gens qui sacrifient leur vie en allant soigner des déshérités à l'autre bout du monde. Quand j'étais jeune, j'avais été tenté de m'engager dans le « Peace Corps », créé par John Fitzgerald Kennedy. Renseignements pris, je me suis aperçu que beaucoup de ces soldats de la paix sont des marginaux qui essayent de fuir leurs propres problèmes. La raison de leur engagement dans le Peace Corps n'était pas d'aller sauver les « pauvres Africains », ils y allaient pour eux. Loin de moi l'idée de généraliser, mais cette drôle d'impression m'est toujours restée et lorsque j'entends un représentant d'une quelconque ONG (organisation non gouvernementale) lancer à la télévision ou à la radio un appel au secours pour que l'on vienne en aide à des victimes d'un tremblement de terre, d'un ouragan ou d'une quelconque guérilla sanguinaire, je suis partagé entre l'admiration et le doute ; pourquoi la personne a-t-elle choisi d'aller se terrer dans des régions inhospitalières et d'y côtoyer quotidiennement l'horreur ?

Mon père, qui était juif, avait l'habitude de dire : « Tous ceux qui ne sont pas juifs sont antisémites. » Il y allait un peu fort, mais cela pouvait s'expliquer : il avait échappé de peu aux persécutions, ce qui n'a pas été le cas d'une partie de sa famille ni de plusieurs centaines de milliers de Juifs hollandais. Souvenez-vous du *Journal* d'Anne Frank et d'où il a été écrit... Par extension, j'en connais qui affirment sans sourciller : « Tous ceux qui ne sont pas pédés sont homophobes. »

Malheureusement, il y a sûrement du vrai là-dedans. Et c'est valable dans les deux sens. Si un patron est pédé et que deux personnes de même valeur viennent solliciter un job, un pédé et un non-pédé, il prendra le pédé. S'il est juif, il choisira le Juif. S'il est franc-maçon, il engagera le franc-maçon. Cette attitude, parfaitement compréhensible, peut tourner à l'ostracisme ou au racisme si le même patron choisit de toute façon le pédé, le Juif ou le franc-maçon, même s'il est de valeur inférieure.

Ai-je été, au cours de ma carrière, victime de discriminations à cause de mes préférences sexuelles ? C'est possible. Peut-être m'ont-elles également avantagé à d'autres occasions. Dois-je prêter crédit à la rumeur qui m'a été rapportée que telle programmatrice, qui avait un faible pour les chanteurs, surtout quand ils étaient mignons, a décidé de m'oublier quand elle a appris que j'étais pédé ? Elle n'a probablement plus écouté mes nouveaux disques de la même façon, c'est humain. Je ne lui ai jamais jeté la pierre, ses goûts étaient physiques. Sa force, c'est qu'elle aimait entièrement le chanteur – même si la relation restait totalement platonique. Si tout d'un coup il en manquait un morceau, ça changeait quelque chose dans son échelle de valeurs. Je ne peux pas l'affirmer, mais je me suis posé la question. Sans faire de crise de paranoïa aiguë : est-ce qu'Alain Barrière croit qu'on ne passe plus ses disques parce qu'il est breton ?

Comme tous les pédés, je suis parfois confronté à l'homophobie. Je me suis fait insulter et me suis bagarré à cause de ça. On nous a refusé, à Patrick et moi, un appartement dans une résidence parce qu'ils n'avaient pas envie d'avoir des pédés comme copropriétaires. À Paris, au XXe siècle ! Ce sont des choses qui font malheureusement partie de la vie quotidienne de n'importe quel homosexuel. Ça pourrait être pire : je pourrais être pédé *et* arabe. Dois-je m'en consoler ou me dire qu'il faut continuer à combattre l'homophobie et le racisme sous toutes les formes, inlassablement ? Au moment du débat à l'Assemblée sur le PACS, on a vu Christine Boutin et d'autres députés s'exprimer à propos de l'homosexualité en des termes parfois inacceptables. Venant d'un pauvre inculte au fond de sa cambrousse qui ne voit des pédés qu'en travelos, pédophiles ou en assassins d'enfants, je peux encore comprendre. Mais de la part d'hommes et de femmes censés représenter la nation, qui en sont l'élite en quelque sorte, c'est incompréhensible, pour ne pas dire inadmissible.

Les meilleures blagues juives sont racontées par les Juifs ; c'est pareil pour les blagues de pédés, venant de la bouche d'un hétéro, je me méfie. Le poids de la culture et des habitudes est plus néfaste qu'on ne le soupçonne. Dès que j'entends des insultes qui à certains paraîtront bien innocentes, comme « va te faire enculer » ou « c'est quoi, cette musique de tapette ? », je sors de mes gonds. Un jour, j'ai failli me battre avec Coluche, à cause d'un sketch où il reprenait à son compte la vieille rumeur « Sheila est un garçon », y ajoutant : « C'est une fille, comme Dave. » C'était drôle pour l'immense majorité de son public, mais cela ne m'avait pas plu du tout. Je ne me l'imaginais pas être homophobe, je considérais simplement qu'il provoquait, un peu comme Guy Bedos, malgré lui évidemment, avec son fameux « Même le roi est arabe » dans le sketch *Marrakech*. Cela se passait à l'anniversaire d'Eddy Mitchell, au *Bistingot,* à Paris. Il s'est avancé vers moi pour me saluer et, comme j'étais un peu éméché, je lui ai dit : « Toi, je t'emmerde. Sors, si tu es un homme ! » Nous sommes sortis sur le trottoir, Eddy nous a suivis : « Arrêtez vos conneries, vous allez gâcher ma fête ! » On s'est embrassés et l'on a passé ensuite quelques soirées mémorables ensemble...

Au quotidien, je devais gérer d'autres contradictions qui parfois me taraudaient : il y avait quand même une forme de cynisme de ma part à chanter *Vanina*, *Hélène* ou *Ophélie* en vivant avec Patrick ! Si

Proust a dû écrire sur Albertine, c'est parce qu'on était au début du siècle et qu'on l'aurait lynché s'il avait été question d'un Albert... Lui aussi a triché. Je n'ai bien sûr aucune honte à avoir chanté *Vanina* et je comprenais très bien la « tactique » de mon directeur artistique autour des prénoms féminins. Je l'avais prévenu, en revanche, que je n'arriverais pas à mentir dans les interviews si l'on me posait des questions sur ma sexualité, mais on ne m'en posait jamais ! Il était évident que l'homosexualité n'était pas un sujet vendeur pour les journalistes. Ça a un peu changé quand même : *Voici* ou *Gala* mettent désormais en couverture les nouvelles conquêtes de tel footballeur, animateur télé ou star de la télé-réalité, sans discrimination. Le plus souvent, bien sûr, il s'agit de filles avec des garçons et de garçons avec des filles, mais une fois de temps en temps on a droit à la photo d'Elton John avec son boy-friend ou d'Amélie Mauresmo avec sa copine. Cela dit, nous sommes encore beaucoup à nous dire : « Pour vivre heureux, vivons cachés. » L'homosexualité reste un sujet peu vendeur pour la presse. Pour plaire au lectorat largement féminin de ces magazines, il faut des histoires rassurantes avec des couples *normaux*, terme on ne peut plus juste : normal, c'est-à-dire suivant les normes ! Peut-être qu'on manque de courage, mais le slogan « droit à l'indifférence » me convient assez...

Un copain chanteur me surnomme la « Donneuse » parce qu'il m'est arrivé de faire publiquement l'une ou l'autre réflexion sur les éventuelles préférences de certains de mes camarades. Il a totalement raison, d'ailleurs ! Ce n'est pas à moi de dévoiler quoi que ce soit sur qui que ce soit, mais j'avoue que pour faire un bon mot je peux me laisser aller à dire des choses que je regrette vraiment après et j'en profite pour faire mon *mea culpa*...

Quand la presse à sensation m'inventait des fiançailles, cela ne me gênait pas : après tout, j'ai connu des filles dans ma vie, j'ai toujours « ratissé large », il n'y avait donc pas de tricherie. Les gens ont du mal à comprendre que l'on puisse être bisexuel ; ils trouvent que ce n'est pas net. Désolé, je suis comme je suis... Dans la France des années soixante-dix, seuls quelques privilégiés avaient conquis de haute lutte le droit d'afficher leur homosexualité : Jacques Chazot était le pédé mondain par excellence, connu pour son sens de la repartie et ne dérangeant personne. Roger Peyrefitte était un écrivain renommé : son roman *Les Amitiés particulières* avait fait scandale, mais lui avait permis de devenir un porte-parole qui imposait le respect. Jean-Louis Bory, éminent critique cinéma du *Nouvel Observateur*, a beaucoup milité pour la cause des gays, à sa manière, avec beaucoup de finesse. Ensuite, nous avions les militants de FHAR, le Front homosexuel d'action révolutionnaire, avec à sa tête Guy Hocquenghem, l'auteur du livre *Le Désir homosexuel.* Je me souviens de son premier coup d'éclat, en 1971, dans l'émission radio de Ménie Grégoire consacrée à « L'homosexualité, ce douloureux problème ». Le titre voulait tout dire ! Un commando avait envahi son studio en direct, tout cela restait très parisien, mais ce début de contestation était très sain et très positif. J'observais tout cela de loin : comme je l'avais été vis-à-vis des Provos en Hollande au milieu des années soixante, je restais vigoureusement individualiste. Je ne me suis jamais senti à la pointe de l'avant-garde. Une fois de plus, je m'en tiens à un comportement typiquement néerlandais : on s'en fout, tout le monde vit sa vie. Je n'ai jamais adhéré à aucune organisation, quelle qu'elle soit : comme Groucho Marx, cité par Woody Allen au début du film *Annie Hall*, « je ne voudrais jamais faire partie d'un club qui m'accepterait pour membre »...

Sur scène ou quand je suis invité dans des émissions, je me permets, trop souvent d'ailleurs, de faire allusion à ma sexualité. À la télé, en tant qu'ambassadeur des fromages de Hollande, j'ai accepté, et proposé moi-même la phrase « Dave, il paraît que vous n'aimez pas l'édam... » Un jeu de mots bien innocent. Je n'ai en revanche aucunement l'intention de devenir le porte-parole de quoi que ce soit.

Il me revient à ce propos une anecdote dont je ne suis d'ailleurs pas fier ; bien avant d'être connu, je chantais dans le petit café-théâtre *Chez Ma Cousine*, à Montmartre, dont le patron était le chanteur François Deguelt, qui avait débuté dans les années cinquante, puis était devenu l'idole d'un été en chantant, en 1965, *Le Ciel, le Soleil et la Mer.* J'avais obtenu un certain succès. À la fin de mon tour de chant, j'avais été invité par des gros blaireaux à boire un verre. À la table voisine, des Noirs étaient en train de trinquer. Les beaufs se sont mis à faire des réflexions incroyables de racisme primaire et de connerie odieuse. En entendant cela, j'aurais dû m'en aller ou me révolter. Je n'ai rien dit, je me suis contenté de ne pas rire à leurs blagues merdiques. Ai-je été lâche ? Sans doute. Mais j'avais surtout compris que je n'allais pas pouvoir, tout seul, changer la mentalité de ces Dupont-Lajoie. En revanche, je suis prêt à discuter jusqu'au bout de la nuit pour convaincre les gens que j'aime quand je les entends proférer des conneries...

Le récit de Patrick, cinquième partie

On ne choisit pas d'être attiré par les gens du même sexe que soi. C'est quelque chose qui s'impose à vous et cette découverte-là n'est pas forcément des plus joyeuses, pour ne pas dire des plus gaies. Le fait de ne pas me sentir conforme à la norme de ce point de vue m'est apparu personnellement comme un handicap à surmonter. Le choix consiste ensuite à vivre cette réalité plus ou moins ouvertement vis-à-vis du reste du monde, des conventions sociales, etc. Le terme « gay » qui banalise ou dédramatise aujourd'hui cette particularité n'existait pas au début des années soixante-dix, où l'on parlait encore, comme le fait toujours la très rétro Christine Boutin, d'homosexuels, un mot qui conserve une connotation très médicale, impliquant sans doute qu'il y aurait quelque chose à soigner... Sinon, il reste toujours le mot « pédé », que l'on peut employer pour soi-même mais qui, venant de quelqu'un d'autre, reste une insulte.

En ce qui nous concerne, nous avons vécu et continuons à vivre notre histoire discrètement mais sans hypocrisie, ce qui, d'une certaine façon, est un luxe qu'on ne peut pas se permettre dans tous les milieux socioprofessionnels, même à notre époque.

Lorsque nous nous sommes rencontrés, l'homosexualité se cachait encore un peu, même si la libération sexuelle était passée par là : il existait à Paris quelques clubs et boîtes de nuit à la limite de la clandestinité, et pas du tout de bars de jour avec terrasses donnant sur la rue ! Rien de comparable avec le quartier du Marais aujourd'hui.

Quand je vois des garçons s'embrasser dans la rue ou simplement se tenir par la main, je suis content pour eux que cette liberté de gestes et d'attitude ne choque plus grand monde. Cela dit, j'ai toujours été extrêmement pudique et, même à l'époque où je sortais avec des filles, il m'aurait semblé exhibitionniste de nous livrer, dans la rue ou dans n'importe quel lieu public, à des caresses ou à des baisers profonds, comme certains hétéros peuvent le faire sans en éprouver aucune gêne... Alors à plus forte raison s'il s'agit d'un mec, connu de surcroît. Ceci n'a cependant jamais été pour moi une raison suffisante pour ne fréquenter que les endroits gays. Quoi qu'il en soit, et je ne pense pas que sur ce point mon camarade me contredira, je suis beaucoup trop individualiste pour avoir la sensation d'appartenir à une communauté d'aucune sorte et encore moins à un ghetto.

Quant à la bisexualité, qu'il était de bon ton d'afficher dans certains lieux branchés de Saint-Germain-des-Prés que Dave a fréquentés vers la fin des années soixante, je pense qu'elle est présente en chacun de nous à des degrés divers. Après, c'est surtout une question de rencontres et de circonstances qui vous font basculer d'un côté ou de l'autre ; c'est en tout cas ce que j'ai pu constater dans mon cas personnel.

Plus tard, quelques années après notre rencontre, parce que nous étions copains avec des barmans de boîtes homos, j'ai fait connaissance avec ces lieux où la sexualité débridée de l'avant-sida pouvait se consommer sur place, dans des backrooms plus ou moins sordides. Ni Dave ni moi ne sommes tombés dans ces bas-fonds où l'obscurité ne vous permet même pas de deviner le visage de votre partenaire. S'amuser, pourquoi pas, mais c'est tout de même embêtant de ne pas savoir avec qui... C'était de toute évidence la providence des plus laids ou des plus pervers !

Ainsi qu'il l'a dit dans le chapitre précédent, Dave est plutôt de la gent bisexuelle, bien plus que je ne le suis moi-même. Ce n'est pas quelque chose que je vis forcément bien (peut-être parce que à mes yeux ça multiplie par deux les tentations auxquelles il pourrait être soumis), mais c'est ainsi, et faute d'en être absolument ravi, j'essaie tant bien que mal de m'en accommoder. Pour ma part, il m'est arrivé, dans ma déjà longue vie, de tomber amoureux de quelques filles, mais il fallait, condition *sine qua non*, qu'elles soient extrêmement belles pour qu'il y ait un désir allant de pair avec les sentiments. En vérité, je tombais surtout amoureux de leur beauté, et je me sens tout à fait incapable, contrairement à la majorité des hétéros, de me taper n'importe quel boudin (maintenant, on dirait un « thon »), simplement parce que c'est une fille et qu'il faut, dans l'urgence, satisfaire ses pulsions animales.

Mes coups de foudre pour des beautés renversantes n'ont malheureusement jamais été réciproques et la question reste posée de savoir ce qu'il serait advenu de ma vie dans le cas contraire. Il est vrai que j'ai toujours eu des traits assez féminins (ce que je déteste) et je présume que je ne correspondais pas au stéréotype de la masculinité dont ces sublimes créatures rêvaient. J'étais sûrement trop ambigu et les jeunes femmes chez qui mon aspect fragile suscitait quelque passion étaient pour la plupart assez vilaines ou quelconques, voire un peu hommasses. Mauvaise pioche.

Dans mes dernières années de lycée, je suis tombé éperdument amoureux d'une fille aussi jolie que délurée, mais qui ne me faisait même pas l'aumône d'un regard. Son intérêt semblait se porter sur des mecs plus âgés, plus mâles, plus expérimentés, plus « tout », comparés à moi. J'avais véritablement la sensation de ne pas exister à ses yeux. Je l'ai revue assez récemment, toujours belle malgré les années, et après les rituels « comment vas-tu, qu'est-ce que tu deviens, etc. », elle m'a laissé sa carte sur laquelle elle avait écrit à la hâte : « Je t'aimerai toujours. » Trop tard...

« Ne vous vengez pas d'une femme, le temps s'en charge », disait Sacha Guitry, qui les a beaucoup aimées et haïes. Je n'ai jamais rappelé ma fausse indifférente épargnée par le temps. Sa vie l'a reprise, la mienne aussi, et c'est mieux comme ça.

C'est à la fin des années soixante-dix que nous avons commencé à fréquenter avec assiduité l'*Élysées-Matignon*, ce qui nous entraîna presque naturellement dans une spirale d'aventures sexuelles à géométrie variable, assez récréative dans son ensemble.

La rencontre fortuite (lors d'un week-end normand) de Sophie Issartel, qui était avec son mari Armel la maîtresse des lieux, nous a ouvert les portes d'un univers dont Dave et moi ignorions l'existence. Jusque-là, nous avions pratiquement vécu comme deux provinciaux, loin des soirées du microcosme parisien, et inconscients du fait qu'il était « normal », étant donné sa notoriété, qu'une vedette telle que lui sorte dans ce genre d'établissement.

C'était effectivement l'endroit où il *fallait* être vu, et où tout ce que le show-biz comptait de célébrités se retrouvait. Il n'était pas rare de croiser là-bas Roman Polanski, Catherine Deneuve, Johnny Hallyday, Serge Gainsbourg, Jane Birkin, sans compter toutes les pop-stars de passage à Paris, pour qui l'*Élysées-Matignon* constituait l'étape incontournable.

Très vite, nous avons pris un certain goût à cette forme de luxe, et bientôt de luxure, à laquelle nous n'étions pas habitués. Pour des gens connus, il était confortable de se retrouver entre soi et de ne pas être dévisagés par le tout-venant. Autour des stars et célébrités, qui défilaient là par dizaines, chaque soir, gravitait une faune de jeunes gens et de jeunes filles pour la plupart très décoratifs et relativement disponibles.

À l'*Élysées-Matignon*, les soirées commençaient tard, on y dînait, on y buvait, on y dansait. Nous n'y allions pas systématiquement pour ramener quelqu'un à la maison, mais cela nous est arrivé quelquefois et, entre adultes consentants, ces pratiques n'ont rien de condamnable. La clientèle était friquée – il n'y avait pas que des artistes, mais aussi des hommes d'affaires et des gens fortunés –, et les petits gigolos des deux sexes ne se faisaient pas prier longtemps. À l'époque (quelqu'un d'autre que moi a dû y penser, tant ça semblait évident), en fonction de toutes ces tractations à caractère sexuel, j'avais rebaptisé l'endroit l'« *Élysées-Maquignon* ».

Cela n'avait pourtant rien à voir avec une forme de prostitution sordide : certains se faisaient peut-être entretenir ou offrir un petit cadeau par des gros pleins-de-fric, mais où est le mal ?

Les artistes eux, représentaient autre chose que le pouvoir de l'argent. Leur force de persuasion étant leur notoriété, ils n'avaient pas nécessairement à mettre la main au portefeuille. La célébrité attire, elle peut être, sexuellement, un avantage. À la porte de l'*Élysées-Matignon* et des *Bains-Douches*, où une foule de jeunes gens se pressaient dans l'espoir que le cerbère de service les laisserait entrer, certains, pour ne pas dire beaucoup, étaient prêts à passer la nuit avec qui leur permettrait de pénétrer dans le saint des saints. Parfois, nous sortions aussi au *Palace*, lieu atypique et magique où nous allions moins pour draguer que pour observer une faune incroyable. En règle générale, nous évitions les boîtes gays : la mixité nous amusait davantage.

Avec le recul, il ne fait pour moi aucun doute que je devais une bonne partie de ces conquêtes nocturnes à la notoriété de mon camarade, mais je vivais l'instant en essayant de ne pas me poser de questions superflues et donc sans trop d'états d'âme quant aux vraies raisons qui amenaient ces jeunes gens dans notre lit. Avant de devenir moi-même chanteur, le temps d'une carrière éclair qui eut pour principal mérite d'être courte, je n'étais pas l'une de ces personnalités qui peuvent plus facilement assouvir leur désir que le commun des mortels.

Je trouvais à la fois assez confortable de ne pas être au premier plan, de rester dans l'ombre de quelqu'un, et en même temps, je me sentais en porte-à-faux par rapport au regard des gens sur nous... Dave, qui, contrairement à moi, parvient le plus souvent à garder une forme de distance avec tout, était bien plus à l'aise que moi dans ce domaine, voire un peu plus cynique. C'est certainement présomptueux de ma part mais, alors que je ne me suis jamais trouvé vraiment digne d'intérêt, j'ai toujours eu envie de plaire pour moi-même et non pour ce que je pourrais représenter. Séduire quelqu'un parce qu'on passe à la télé ne me semble pas particulièrement exaltant, mais chacun son truc...

Dave ne peut pas faire autrement : quand ils le rencontrent, les gens voient avant tout le personnage public. C'est aussi certainement le cas de ceux qui présentent la météo, ou qui animent n'importe quel *quizz* affligeant, plus encore peut-être que les stars de cinéma : le grand écran entretient un mystère, une distance, on paye sa place, on se trouve au milieu d'un public, la relation n'a rien d'intime. L'impact de la télévision est tout à fait différent : on la reçoit chez soi, passivement, dans sa chambre ou dans son living, et inconsciemment, dans l'esprit du téléspectateur, il s'installe une sorte de familiarité avec ceux et celles qui « causent dans le poste ».

Cela dit, même dans ce contexte quelque peu faussé où, grâce au savoir-être et au savoir-faire de mon camarade, nous ramenions à la maison des garçons – et même des filles –, nous avons curieusement lié des amitiés durables. On les compte sur les doigts de la main et il n'a rapidement plus été question de sexe entre nous, mais on se voit toujours.

Puis le sida est arrivé et nous avons levé le pied. De toute façon, nous avions l'impression d'avoir fait le tour de la question et les soirées à l'*Élysées-Mat'* me semblaient sans surprise, moins festives, presque laborieuses... Adieu donc à la légèreté ! De plus, pour moi qui ne suis pas noctambule dans l'âme, qui aime voir le matin, mais pas rentrer au petit matin, cette période touchait à sa fin et ce n'était pas plus mal.

Pendant ces années où nous étions rarement couchés avant 5 ou 6 heures, j'éprouvais malgré tout l'envie de me lever tôt, et passé 9 heures, je détestais « traîner » au lit. Me réveiller (accidentellement) à midi me donnait d'une part un cafard terrible, et d'autre part l'impression que ma journée était fichue. Je devais donc être très fatigué par notre train de vie, à cette époque que je ne regrette pourtant pas d'avoir vécue.

Depuis, j'ai récupéré.

18

Travail, Talent, Chance

Ma carrière, même si je n'aime pas ce mot, est basée en premier lieu sur la chance. Tous les chanteurs, tous les acteurs vous diront la même chose, s'ils possèdent un minimum de lucidité. Au début, vous avez un petit groupe qui s'appelle les Beatles, qui chante des chansons simplistes comme *Love Me Do* et *Please Please Me.* Ils se sont fait jeter de plusieurs maisons de disques parce que des groupes comme celui-là, en 1962 en Grande-Bretagne, il en existe treize à la douzaine. Tout à coup, on ne sait pas pourquoi, ça se met à marcher tellement fort que les garçons trouvent en eux un talent qu'ils ne soupçonnaient pas et ils deviennent ces génies absolus de la musique du XXe siècle que sont Paul McCartney et John Lennon...

Au début, il leur a fallu un coup de pouce qui n'a rien à voir avec la promotion ou le marketing : la chance et rien d'autre. Après, on est plus ou moins à la hauteur de la situation. Un petit talent, une petite originalité suffisent pour engendrer, si la chance le permet, un énorme succès. Ensuite, ce dernier permet au talent et à l'originalité de se développer et le succès se poursuit. À moins de n'être, comme l'histoire des hit-parades nous le raconte, que des *one hit wonders* : des chanteurs qui n'ont qu'un seul tube, parfois même un numéro 1, et puis s'en vont, comme c'est d'ailleurs un peu mon cas dans mon propre pays où je n'ai eu qu'un seul tube avec *Dansez maintenant*.

Je compare toujours le métier que j'exerce au type qui ouvre un restaurant. À la base, il faut un certain savoir-faire, il faut choisir un endroit adéquat, il faut savoir recevoir les gens, qu'ils apprécient le décor et ce qui se trouve dans leur assiette. Or vous pouvez réunir tout cela et n'avoir aucun client. À l'inverse, avec une adresse un peu moins sympa, un service un peu moins correct et une bouffe un peu moins élaborée, et même parfois complètement sans intérêt, vous pouvez vous retrouver, pour des raisons que vous ignorez, à devoir refuser du monde. J'ai été le restaurant à la mode, jusqu'en 1980-1981, et puis un jour je ne l'ai plus été. À la base, je possède un don purement physique : des cordes vocales exceptionnelles ; un ORL qui a une clientèle de chanteurs lyriques m'a dit un jour que j'avais une « Formule 1 dans la gorge » (ce genre de compliment, ça ne s'oublie pas)... Je n'ai aucun mérite à cela, je les avais à la naissance et je les ai bien entretenues. Elles me permettent de chanter des jolis airs et de jolies notes. J'ai un certain sens du rythme, même s'il n'a rien d'exceptionnel. Je suis épaté, par exemple, par Michel Fugain : je pense avoir plus de voix que lui, mais sa mise en place et sa manière de se promener dans les mesures me bluffent totalement. À l'occasion d'un album mélangeant de nombreuses chansons françaises qui ont généré de grosses ventes aux Pays-Bas et que j'avais enregistré pour la maison Arcade, j'ai dû chanter quelques titres de Fugain : j'ai eu un mal fou ! Ça a l'air simple, comme ça, quand on le fredonne, mais en réalité, pour que ça swingue, c'est un casse-tête infernal ! Comme l'a toujours dit Bernard Estardy, avec qui j'ai mis en boîte la plupart de mes tubes, je suis un « chanteur binaire ». Mais j'ai une voix. Un don du ciel. Ensuite, j'ai une vraie capacité de travail, je ne suis pas du tout du genre paresseux. Et j'ai eu la chance de plaire à un moment à des millions de Français. C'est l'équation magique que j'appelle « TTC » : Travail, Talent, Chance !

Mes années paillettes ont duré sept ans, de 1974 à 1981. En 1982, j'ai encore rempli l'Olympia pendant quinze jours, du 10 au 25 mai, un an après l'élection de François Mitterrand. Je sortais des 45 tours, mais passais de moins en moins en radio. Certaines de ces chansons auraient mérité de marcher, je trouvais cela un peu injuste. À Los Angeles, j'avais enregistré un joli titre, *Jure-moi*, dans un style différent de ce que j'avais fait auparavant, comme semblaient me le demander certains programmateurs de radios périphériques. Il s'agissait d'une ballade que j'interprétais dans un style un peu similaire à celui de Barry Gibb, des Bee Gees, mais au final, personne n'en a voulu. Je me souviens aussi de *Avec ou sans toi*, d'après *All Out Of Love*, un gros succès pour le duo australien Air Supply en 1980. La chanson m'allait bien, je l'interprétais du mieux que je pouvais, mais ce n'était plus mon tour.

Je crois effectivement qu'il y a une question de tour. Un jour, dans une émission sur Canal+, Michel Denisot m'a dit que j'avais été, statistiquement, dans la seconde moitié des années soixante-dix, l'une des cinq personnes les plus présentes à la télévision française. L'overdose était inévitable. Je me suis fait avoir ! Vendre près de trois millions de disques en dix-huit mois comme je l'ai fait entre l'été 1974 et février 1976, c'était de la folie pure. Quand je vois les pauvres gamins de la Star Academy, première génération, celle avec Jenifer et Jean-Pascal, qui ont sorti en 2001-2002 trois albums et une douzaine de singles en huit mois, je me dis que l'on atteint le paroxysme de ce que j'ai connu : presser le citron, tuer la poule aux œufs d'or dès qu'elle a rempli le panier. J'ai la prétention d'être un poil plus intelligent que la moyenne de ces gamins, mais à l'époque je me suis fait avoir quand même. Jean-Jacques Souplet n'était pas un maquignon du show-biz comme on en croise aujourd'hui, mais la maison de disques voulait à tout prix enchaîner les tubes. Tant que ça marche, on est comme drogué... On vendait 10 ou 15 000 exemplaires par jour de *Mon cœur est malade*, puis on est passé à 3 ou 4 000 et il a voulu sortir *Dansez maintenant*.

— Attendons un peu, lui disais-je. On vend encore 4 000 disques par jour, c'est formidable !

— Mais non, on va leur balancer tout de suite *Dansez maintenant* et on va faire un carton, tu verras !

Il avait raison, nous sommes repartis instantanément à une cadence de 15 000 par jour ! *Mon cœur est malade* est sorti en avril, *Dansez maintenant* en août. Pourquoi ? On aurait pu continuer avec le premier jusqu'à la fin de l'été et sortir l'autre pour Noël. J'étais à ce moment précis le plus gros vendeur de CBS, j'aurais peut-être dû dire stop, j'ai manqué de discernement. J'étais dans le même trip que Jean-Jacques. Loin de moi l'idée de penser qu'il a abusé de moi. Ni son père, qui était le P-DG de la maison et qui a fini par être remercié parce que les patrons de CBS à New York considéraient qu'il ne vendait pas assez de disques américains, qui leur rapportaient davantage que de disques français, dont ils n'avaient rien à faire.

En 1977, lorsqu'on a sorti *Est-ce par hasard ?*, l'adaptation d'un standard américain le directeur financier de CBS, qui m'aimait bien m'a dit : « C'est sympa, mais il faudrait que la chanson se transforme en disco, au milieu. C'est ça qui marche maintenant. » Tout le monde s'y mettait, effectivement : entre 1977 et 1979, on a vu Sheila, sous le nom de Sheila B. Devotion, Carène Cheryl, sous le nom de Karen Chéryl, ainsi que Patrick Juvet, Claude François et tant d'autres virer leur cuti disco. Même Serge Gainsbourg avec *Sea Sex And Sun* ! Même Michel Berger et France Gall avec *Musique* ! Sans oublier Cerrone, le bûcheron du *tchac-poum-poum*, qui avait été aux États-Unis récolter des Grammy Awards, l'équivalent de nos Victoires de la Musique, pour son *Love In C Minor* dont la France n'avait pas voulu. Dois-je encore citer les stars du rock qui succombèrent, elles aussi, à la tentation, comme les Rolling Stones, Queen, Rod Stewart ou Elton John ? Elvis, mort en 1977, y a échappé de peu...

En 1978 je sors *Lettre à Hélène*, suivi par l'adaptation d'un tube d'Elvis, justement : *Can't Help Falling In Love* devient *Comment ne pas être amoureux de vous* et se retrouve dans les dix premiers titres classés sur Europe 1, puis j'obtiens un Disque d'or pour l'album *Pour que tu me comprennes* et, alors que la disco s'essouffle, je publie *Allô Elisa* en 1979, qui, je l'avoue, a un tout petit côté disco quand même et est une de mes rares chansons connues dont les paroles ne sont pas de Patrick Loiseau.

Je ne peux pas dire que j'ai raté le train de la disco, parce que je sentais confusément que ce n'était pas mon truc. À Montréal, où je participais à une émission de télé, je me suis retrouvé avec les producteurs français Jacques Morali et Henry Belolo, qui avaient lancé avec le succès que l'on sait le groupe Village People et qui avaient produit le tube *I Love America* pour Juvet. Ce jour-là, je m'étais dit, avec une certaine inquiétude, que j'étais peut-être en train de me démoder en ne me jetant pas dans ce bain-là. Peut-être me prenais-je trop au sérieux, peut-être avais-je envie de continuer à faire de la bonne variété française, sans trop de compromissions...

Quand on vend autant de disques sur deux ou trois années fiscales, un autre problème se pose rapidement : les impôts vous tombent dessus et ça fait très, très mal. Résultat, j'ai été en redressement pendant des années, d'autant que j'avais confié ma comptabilité à la fiscaliste la plus prisée du moment, qui s'occupait également de Gérard Lenorman, Demis Roussos, etc. Seulement voilà, elle a foutu un bordel incroyable, elle prenait les factures des uns pour les mettre chez d'autres, comme ça l'arrangeait, c'était n'importe quoi. À un moment, je me suis retrouvé dans une situation telle qu'elle m'a même proposé de donner un chèque de 100 000 francs (des francs de 1976 !) à l'un des deux principaux partis politiques au pouvoir, pour m'arranger le coup politiquement. Je n'ai pas accepté.

De toute façon cela n'aurait rien changé : l'inspectrice des impôts qui m'avait dans le collimateur n'aurait pas cédé à ce genre de pression. Mon redressement m'a coûté une fortune, puis j'ai trouvé un autre fiscaliste, lui-même ex-inspecteur des impôts, comme souvent, et n'en ai plus changé depuis. Comme j'ai été son premier client, il y a toujours eu entre nous une espèce de tendresse. Très élégamment, pendant quatre ou cinq ans, dans les années quatre-vingt, à l'époque où je galérais vraiment, il ne m'a jamais envoyé de facture.

Il n'était désormais plus question de maintenir mon ancien niveau de vie. Avec ce que je devais aux impôts, il me fallait au minimum donner quatre galas à 10 000 francs nets par mois. Je ne les avais pas toujours, et il ne me restait plus alors qu'à me rattraper le mois suivant. Trois mois d'affilée en dessous de la moyenne et j'étais aux abois. Les droits d'auteur que touchait Patrick nous permettaient d'arrondir les fins de mois. J'ai accepté de chanter dans des boîtes de nuit, j'allais chercher l'argent où il se trouvait.

En tant qu'ex-Beatnik, je n'avais même pas eu le réflexe de mettre de l'argent de côté au moment où j'en avais les moyens. Ce n'est que récemment, vers l'âge de cinquante ans, que j'ai commencé à économiser un peu, en me disant qu'un jour peut-être je serai *vraiment* trop vieux pour faire ce métier, encore que le cas Henri Salvador me donne de l'espoir... Depuis mon prétendu come-back de 1995 j'ai décidé de ne plus faire le con. Cela dit, je ne regrette rien : pendant des années, j'en ai vraiment bien profité.

Les millions de disques que j'ai vendus ont généré des sommes d'argent considérables. Sur le pourcentage que je touchais, tout ce qui ne partait pas dans les caisses de l'État (60 000 francs par mois *plus* les impôts courants dès mon premier redressement en 1976), je le dépensais en voyages. Comme je pouvais me payer la première classe sans réservation et les suites dans les palaces, je le faisais. J'avais envie de m'acheter une nouvelle Mercedes, j'y allais. Au restaurant, j'avais cessé de regarder le prix des choses, je choisissais les meilleurs mets et les meilleurs vins, sans me soucier de l'addition. C'est génial. Quand j'ai été ratiboisé, je me suis calmé par la force des choses : j'avais connu la pauvreté – relative – à l'époque sur mon bateau le *Justus* : faute de pouvoir acheter des pulls, être obligé de mettre des journaux sous la chemise, ne pas pouvoir changer des chaussures trouées comme les clochards qui dorment sous les ponts. Évidemment notre situation dans les années quatre-vingt n'avait rien de comparable. Nous avons juste arrêté de sortir en boîte (je n'ose pas imaginer le fric que j'ai pu claquer à l'*Élysées-Matignon*) et nous allions moins au resto. J'avais aussi changé la Mercedes pour une Jaguar d'occasion, voilà une grosse connerie qui m'a coûté cher...

Depuis 1995, je peux à nouveau me permettre des petites folies, mais je suis devenu plus prudent. Au restaurant, je continue à regarder là où se trouvent les prix, c'est-à-dire à droite des mets sur la carte. Je me ruine pas mal en bon vin, mais le mauvais me « brûle », quelle bonne excuse. Puis, comme disait Laetitia Bonaparte : « Pourvou que ça doure »...

Je sors d'un milieu plutôt aisé, je me suis contenté

de reproduire en mieux ce que j'avais connu dans ma jeunesse. J'ai grandi dans une belle villa, dans un joli petit village. En revanche, je n'ai jamais demandé de l'aide à mes parents, et le fait d'être arrivé seul où je suis me donne une certaine satisfaction. Parfois, il me suffit de regarder notre maison du Vaucluse, d'observer Patrick qui se baigne dans notre piscine, et je ressens un petit moment de bonheur. Je me dis que j'ai beaucoup de chance.

Au début des années quatre-vingt, nous avons connu des périodes de doute terrible. On ne comprenait pas pourquoi la recette ne fonctionnait plus. Jean-Jacques Souplet a voulu en changer quelques ingrédients. À un moment, c'est tombé sur Patrick : j'ai dû faire des infidélités à mon parolier en espérant relancer la machine. C'est à ce moment-là qu'il s'est souvenu d'une proposition que Roger Marouani lui avait faite, quelques années plus tôt Cet éminent représentant de la plus fameuse tribu du show-biz français avait décelé en lui le potentiel d'un chanteur. Au début, sa réponse avait été négative puis, par désœuvrement plus qu'autre chose, il était retourné voir Marouani et s'était bientôt retrouvé dans un studio d'enregistrement, mais cette fois devant le micro avec, comme il me l'a raconté, un mélange de trac énorme, d'anxiété terrible, et une sorte d'exaltation quand même. Contrairement à ce qu'il pense, Patrick a une très jolie voix et son premier 45 tours, *Ma parole*, s'est mis à passer en radio, jusqu'à se vendre à plus de 180 000 exemplaires. Il jugeait sa performance médiocre, il se trouvait grotesque quand il se regardait à la télé, alors que je le trouvais très beau, bref j'avais les plus grandes difficultés à le convaincre que ses débuts dans la chanson étaient prometteurs. Je n'y suis pas parvenu : après trois 45 tours et un unique album, sorti en 1981, où se trouvait pourtant une reprise de son idole Françoise Hardy (*L'amour s'en va*), il a décidé d'arrêter. Patrick a fait ses adieux, deux ans après ses débuts, en première partie de mon spectacle à l'Olympia en 1982. Mais il était tellement malheureux que j'ai eu honte de l'avoir poussé jusque-là : il avait l'impression de ne pas être à sa place, d'être un imposteur.

Quand il s'était retrouvé classé sur Europe et RTL avec son premier 45 tours, on me demandait si j'étais jaloux. Je n'en revenais pas ! On ne peut pas être jaloux de la personne que l'on aime. Évidemment, je ne sais pas comment j'aurais réagi s'il avait vraiment poursuivi une carrière de chanteur à succès...

On raconte parfois que les Hollandais sont près de leurs sous. Il est vrai que nous avons le culte du « *goedkoop* », de la bonne affaire, du bon marché. Une histoire très répandue en Belgique à propos de mes compatriotes prétend que, lorsqu'on est invité à manger chez des Hollandais, ils comptent les pommes de terre qu'ils servent dans votre assiette. Des patrons de cafés français me racontent parfois que des vacanciers venus des Pays-Bas commandent des cafés et déballent leurs tartines, préparées avec du pain de mie qu'ils ont stocké avant de partir de Rotterdam... Les Italiens, quand ils voient arriver les voitures immatriculées NL (Nederland) disent « Niente Lire » (pas de lires). Étant hollandais je suppose que je n'échappe pas à la règle, mais je me sentais pourtant bien frustré de ne plus pouvoir inviter mes amis au restaurant quand, dans les années quatre-vingt, j'avais du mal à joindre les deux bouts.

En revanche la légende qui veut que, quand la fortune vous tourne le dos, vos amis en fassent autant, s'est révélée dans notre cas totalement fausse : nous dînions avec les mêmes amis, la seule différence était que chacun payait sa part. Inutile de dire que j'ai été content de pouvoir recommencer à inviter les quelques amis qui me restent depuis 1995-1996.

Comme nous n'avions plus les moyens de nous offrir l'*Élysées-Matignon*, nous passions pas mal de soirées aux *Jardins du Louvre*, qui était le quartier général de NRJ et qui était tenu par celui qui est devenu le producteur de disques et des émissions de télé de Jean-Luc Lahaye. Nous l'avons suivi après, quand il a déménagé au *Square*, et c'est là qu'un soir un artiste qui marchait très fort à ce moment-là m'a dit : « Tu comprends, Dave, ton problème, c'est que tu n'as pas fait de plan de carrière. » Je n'avais pas encore entendu parler de mon métier dans ces termes et j'avoue m'être posé des questions sur la justesse de cette réflexion. D'autant plus que l'astrologue Françoise Hardy m'avait dit que le Taureau que je suis ne regarde que l'avenir proche et ne se projette pas dans un lointain avenir. Il me semble pourtant que le métier de chanteur, c'est comme la météo, on ne peut rien prévoir. On sait en gros qu'en août, il va faire chaud et qu'en février, il risque de geler...

Évidemment, il faut prévoir la sortie d'un album, une salle à Paris, une tournée après, mais à part cela je ne vois pas ce que l'on peut faire. Je manque peut-être de clairvoyance et je me console sans méchanceté avec le fait que l'artiste qui m'a fait cette réflexion a, pour le moment du moins, disparu de la scène...

M'apercevoir que je ne vendais plus de disques m'a pris un certain temps, ce n'est pas venu brutalement, mais en douceur. De 1974 à 1979, il n'y a pas eu un été où je n'aie figuré au hit-parade. Les trois premières années, j'étais même en tête du classement. Ensuite, comme je suis quelqu'un qui encaisse très bien, je me suis retrouvé numéro 7 et c'était encore formidable, j'étais toujours dans les dix premiers. L'année suivante, j'étais vingt-huitième, mais je disais à Patrick : « Il y a plein de chanteurs qui se portent bien sans jamais être classés dans les hit-parades ! » Moi, j'y étais, donc je ne m'inquiétais pas. Après cela, je n'ai plus du tout figuré dans les classements, mais je me suis dit : « Ce n'est pas grave, je travaille encore ! Il ne faut pas s'inquiéter... » C'est encore mon état d'esprit aujourd'hui. J'ai toujours dit, et je pense que je suis sincère, que je n'ai jamais eu cette ambition-là : je ne suis pas né pour la compétition avec les autres ! Éventuellement avec moi-même...

En décembre 1982, j'ai été invité comme chaque année à l'arbre de Noël de CBS ; une employée est venue vers moi, tout sourire, et m'a dit : « Oh ! Dave ! Quel plaisir de vous voir ! On s'occupe beaucoup de vous, dans mon service ! » Je lui ai demandé de quel service il s'agissait. Elle a hésité, j'ai insisté. Puis, sans se dégonfler, elle m'a avoué : « Le service des invendus ! » C'était elle qui décidait de la mise au pilon des disques renvoyés par les magasins...

Le succès s'en est donc allé, progressivement, sans heurts. Les ventes de disques étaient contrebalancées par les galas, qui marchaient toujours. L'histoire entre le public et une idole, je compare ça à la relation amoureuse dans un couple. La flamme s'éteint tout doucement et peut renaître brutalement et tout embraser...

J'aime bien étudier des bouquins du genre de ceux édités par le *Billboard*, le fameux magazine du show-biz américain, dans lesquels se trouvent les hit-parades depuis qu'ils existent : on y observe le parcours triomphal d'un chanteur pendant deux ou trois ans, puis il disparaît et, très souvent, dix ans après, il revient... Certains entrent dans d'autres circuits. Je serais américain, je chanterais peut-être à Las Vegas, et tout le monde trouverait ça formidable. De temps en temps, je serais invité dans le talk-show vedette de David Letterman et je serais à nouveau superbranché, et puis on me proposerait d'enregistrer un concert *unplugged* sur la chaîne musicale MTV, comme l'a fait le crooner Tony Bennett il y a quelques années, et j'en vendrais des tonnes. Tout est possible.

Une fille du Loft 2 fredonne un succès de Phil Barney devant les caméras de M6, on lui propose de la rechanter avec son auteur et celui-ci, dont on n'entendait plus parler depuis dix ans, se retrouve dans le Top 50 avec une nouvelle version d'*Un enfant de toi*. Autre cas de figure : la chanson qui, Dieu seul sait pourquoi, se retrouve sur la bande originale d'un film à succès et qui relance la carrière d'un artiste oublié. Parmi les cas flagrants : Tom Jones faisant une apparition dans *Mars Attack* de Tim Burton. Ou encore Bill Medley, qui a obtenu deux numéros 1 mondiaux dans sa carrière : un avec les Righteous Brothers, le sublime *You've Lost That Lovin' Feeling*, en 1964, et le second, vingt-trois ans plus tard, grâce à son duo avec Jennifer Warnes, *(I've Had) The Time Of My Life*, qui se trouvait sur la bande originale de *Dirty Dancing* ! Même l'éternellement jeune Chantal Goya, qui s'est offert en 2001 un come-back médiatique en chantant *Bécassine is my cousine* sur la BO de *Absolutely Fabulous* avec Josiane Balasko et Nathalie Baye, lui permettant d'arranger sa trésorerie. Tant mieux pour elle !

Et puis un beau jour, j'étais à table avec des amis musiciens ; ils en étaient venus, je ne sais comment, à parler des Assedic, le régime de chômage des artistes et des intermittents du spectacle. Je les écoutais, distraitement, tout en me disant « Moi, je suis la vedette, ça ne me concerne pas... » Le claviériste Philippe Perathoner accompagnait à l'époque un autre chanteur et il me dit : « Tu sais, quand il ne tourne pas, il touche les Assedic ! » Alors, discrètement, je me suis renseigné. J'habitais alors à Boulogne-Billancourt. On m'a expliqué qu'il fallait d'abord s'inscrire à l'ANPE puis remplir chaque mois une fiche avec les jours chômés et les jours travaillés, et les Assedic payaient la différence, sur une base forfaitaire. Le jour où j'ai été m'inscrire à l'ANPE, j'avais un peu honte ; j'y suis allé comme un espion ou un conspirateur, avec un bras cachant mon visage ! Mais devinez qui j'en ai vu sortir ? Lino Ventura ! Là, je me suis dit : si Lino touche les Assedic, pourquoi pas moi ? Ce n'était évidemment pas le cas et je ne sais ce qu'il faisait là, mais moi ça m'a aidé pour entrer dans les lieux la tête haute.

C'est ainsi, depuis 1984, que je suis officiellement un intermittent du spectacle. Si je gagne trop d'argent, ce qui est le cas de nouveau depuis quelques années, ils ne me versent rien, naturellement. Mais je suis inscrit. Je me souviens de mois creux, où je n'avais que quelques galas miteux dans des boîtes de nuit (j'y viens), où j'ai été très content de toucher mes 400 à 500 francs par jour chômé : ça payait mon loyer ! C'est pourquoi, chaque fois que j'entends qu'on veut modifier les allocations chômage des intermittents du spectacle, je suis solidaire de leur combat, même si pour le moment je ne suis pas concerné : le système français n'est pas parfait, mais il permet à des milliers de gens de la télévision, de la musique, du cinéma et du spectacle vivant de survivre décemment. Pas question d'y toucher !

19

Pas notre cible

Je ne suis pas spécialement adepte de la numérologie, mais je ne peux pas m'empêcher de constater qu'à un changement de décennie correspondent souvent des bouleversements profonds. Dès janvier 1990, après la chute des régimes communistes en Allemagne de l'Est, en Tchécoslovaquie, en Roumanie, en Pologne et ailleurs, qui tous s'étaient écroulés en l'espace de quelques mois, nous sommes entrés dans l'après-guerre froide. Sur un mode infiniment plus léger, en 1960, il n'avait fallu que quelques mois à la première vague yé-yé en France, celle de Johnny Hallyday, des Chaussettes Noires et des Chats Sauvages, pour balayer toute une génération de chanteurs : les Jacqueline François, Gloria Lasso, Patachou, Georges Guétary, Dario Moreno et autres Lucienne Delyle qui, à la fin des années cinquante, étaient encore de grandes vedettes...

En ce qui me concerne, j'ai assisté – et j'en ai souffert – à un véritable retournement de situation lorsque le sept s'est transformé en huit, lorsque nous sommes passés des années soixante-dix aux années quatre-vingt. Plus encore à partir de mai 1981, date de l'élection de François Mitterrand à la présidence de la République.

Entendons-nous bien : je ne suis pas en train de partager avec vous une crise de paranoïa aiguë à la Danièle Gilbert, que j'embrasse au passage. Mais il est survenu quelque chose en France, cette année-là, qui dépasse largement le cadre d'un changement de régime ou de politique. L'arrivée de Mitterrand au pouvoir a apporté la libération des ondes. Celles qu'on appelait précédemment les « radios pirates », dont on saisissait les émetteurs dans des conditions parfois rocambolesques, sont rapidement devenues des radios tout à fait officielles, avec autorisation d'émettre. Très vite, pour survivre, elles ont aussi obtenu le droit de vendre de l'espace publicitaire. Très vite, elles se sont organisées en réseaux. Très vite, elles ont amené des concepts dont jamais je n'avais entendu parler auparavant, comme celui du public « cible ».

Bizarrement, la première qui m'en a parlé travaillait à l'époque pour le service public : Radio France, sentant tourner le vent, avait imaginé de lancer sa propre « radio libre » sous le nom de Radio 7, où beaucoup d'animateurs vedettes de la radio et de la télé ont fait à l'époque leurs premières armes. Vers 1981, j'avais été voir la directrice de cette radio, Marie-France Brière, et c'est elle, pour la première fois, qui a utilisé devant moi ce mot, en me disant froidement : « Tu n'es pas pour notre cible. » Ce jour-là, je me suis dit que quelque chose était en train de changer. Tout à coup, l'ancienne méthode, dont usait avec beaucoup de succès quelqu'un comme Monique Le Marcis, directrice de la programmation musicale sur RTL, était mise au rancart.

Pour Monique, les choses étaient simples : elle écoutait les chansons, ça lui plaisait ou pas, elle y croyait ou non, et si toutes les conditions étaient réunies, elles étaient diffusées sur RTL et donc, neuf fois sur dix, devenaient des tubes potentiels. Jusqu'à sa mise à la retraite forcée, en 1996, Monique a continué à user de son flair extraordinaire. En revanche, du côté des radios dites « libres », il a été question très vite de public cible, de panels d'auditeurs, de marketing et le mot « libre » perdait tout son sens...

Peut-être s'est-il aussi passé un autre phénomène, lié à la volonté de changement qui s'était exprimée par les urnes. Après tout, j'avais connu mes années de gloire sous Giscard d'Estaing, j'étais un chanteur du président d'*avant*, même si je n'ai jamais eu aucun lien politique avec qui que ce soit. Je ne suis pas le seul artiste à en avoir souffert : il suffit de feuilleter les hit-parades des années soixante-dix et de voir qui a survécu, qui a connu sa traversée du désert, qui n'en est jamais sorti : je pense à Gérard Lenorman, à Yves Duteil, à Patrick Juvet ou Daniel Guichard. Tous pour des raisons différentes, bien entendu, mais la rupture est assez nette : au changement de décennie correspondent leur disgrâce – et la mienne – et l'arrivée de nouvelles têtes, celles de Jean-Jacques Goldman, de Téléphone, d'Alain Bashung, de Trust ou Jean-Patrick Capdevielle.

Au début, bien sûr, je ne me suis pas trop inquiété : mes disques passaient encore sur Europe 1 et RTL et les radios libres restaient marginales. Elles s'adressaient aux jeunes, aux fans de rock qui de toute façon n'achetaient pas mes disques. La majorité de la population continuait naturellement à écouter les grosses stations périphériques. Mais rapidement NRJ a pris de l'importance et l'on a vu certains chanteurs de variété, comme Jean-Luc Lahaye, refusé par Europe et RTL à ses débuts, repêché par NRJ : c'est cette radio qui, par exemple, a fait le succès de *Femme que j'aime.* NRJ s'est mise à grignoter des parts de marché sur RTL, en séduisant le jeune public amateur de variété, en programmant des chanteurs qui, avant cela, n'auraient fonctionné que grâce aux périphériques. Moi, je faisais partie de la génération d'avant. J'ai participé à des galas NRJ, mais jamais aucun de mes disques n'est passé sur leur antenne. Cherchez l'erreur !

S'il faut continuer à examiner les raisons pour lesquelles un chanteur ne plaît plus, on peut encore en trouver, tout bêtement, dans la psychologie humaine. C'est le Belge Jacques Mercier, animateur radio, éminent spécialiste de la chanson, mais aussi journaliste et romancier, qui a un jour écrit un article dans lequel il se demandait si on ne pouvait pas se lasser d'entendre certaines voix. Il ne parlait pas de moi, mais cela m'avait frappé. Il a tout à fait raison, je l'ai ressenti moi-même avec un chanteur dont je ne citerai pas le nom pour ne pas le froisser. J'ai adoré ses disques et sa voix, et puis un jour, je me suis lassé. Je ne sais pas pourquoi, je n'aimais plus sa voix. On peut imaginer qu'il arrive un moment où le public, et c'est humain, en a marre de nous entendre, en a assez de nous voir.

Comme je l'ai raconté plus haut, à mes débuts, on me comparait souvent à Claude François. Je le comprenais très bien, même si ça ne me plaisait pas trop. Certains décelaient une certaine analogie entre mon timbre de voix et celui de Cloclo, outre l'aspect physique. Il y a pourtant de nombreuses différences : Claude était un danseur extraordinaire. Je me plais à croire en revanche que je chante mieux, encore qu'il ait des aigus étonnants. Et puis quelle énergie ! De toute façon, il est impossible de chanter et de danser comme il le faisait, c'est techniquement impossible : au bout de quelques minutes on manque de souffle, on ne chante plus vraiment ! Parfois, il m'arrive de me poser la question : s'il n'y avait pas eu cet accident tragique, en mars 1978, où serait Claude aujourd'hui ? Aurait-il continué à vendre des disques et à remplir les salles ? On peut aussi s'imaginer que le public se serait lassé de sa voix, de son style, de ses chansons. Avec tout le respect que je dois à sa mémoire, je me dis que sa mort l'a fait entrer dans la légende et lui a peut-être permis d'éviter de passer par la case « ringard », en restant jeune et beau pour l'éternité...

À vrai dire, je déteste l'expression « traversée du désert ». Des centaines de fois, j'ai dû répondre à des journalistes qui me parlaient de mon come-back. Je ne suis jamais parti, j'ai toujours été là, j'ai toujours travaillé ! Quant à l'attitude de ceux qui se croient détenteurs de la vérité et décrètent que tel ou tel est un ringard, c'est l'expression d'un mépris inacceptable. Pas tant pour l'artiste : personnellement, je m'en fiche qu'on me traite comme tel. Mais à travers nous, ils méprisent le public qui assiste à nos concerts, et cela m'est insupportable. Je l'ai toujours dit : je suis content d'être un chanteur de variété, un chanteur populaire. C'est grâce à ces milliers de Français devant lesquels je n'ai jamais cessé de chanter, au rythme d'une centaine de galas par an, y compris à l'époque où je n'existais plus aux yeux des médias nationaux, que j'ai survécu. Grâce à eux, j'ai tenu le coup : leurs applaudissements, leurs ovations sont la seule drogue dont je ne craindrai jamais l'overdose !

L'adjectif « ringard » est un mot typiquement parisien, popularisé par Jean Carmet et les Branquignols au début des années cinquante. Avant, le mot n'existait pas. Les ringards, c'est un peu comme les cocus, ils sont toujours les derniers au courant. Et même quand on sait pertinemment que l'on est moins programmé sur les ondes, ou à la télé, on continue à donner des concerts sans trop se poser de questions. On arrive dans une ville de province, on voit des affiches partout, on est accueilli par le maire et l'adjoint à la culture, on est interviewé par les journalistes de la presse régionale et des années peuvent s'écouler ainsi avant qu'on se réveille un jour avec un gros doute : « Et si j'étais devenu ringard ? » Quand ça ne marche pas, par définition, on rencontre peu de gens, le téléphone ne sonne plus, on n'est plus invité dans les endroits à la mode. Après, quand ça remarche, des journalistes sont assez bêtes pour vous demander, comme ça m'est arrivé vers 1995 : « Comment expliquez-vous que vous n'ayez jamais disparu ? » Je me rappelle d'un important dossier consacré à Eddy Mitchell dans un magazine, pourtant sérieux, consacré à la chanson. Au milieu de l'article, en deux lignes, le journaliste évoquait ses sept années de galère, entre 1967 et 1974, l'année de son come-back, avec *C'est un rocker*. Sept ans en deux lignes !

Il est très rare qu'un artiste dise d'un confrère que c'est un *has-been*. Généralement, on se fait traiter de *has-been* par des gens qui n'ont jamais rien été. Je peux trouver un collègue triste, pathétique ou aigri, mais je n'emploierai jamais *has-been*, parce que je me méfie : ça peut toujours recommencer... Ce qui me choque, depuis que je côtoie des producteurs d'émissions de télé, c'est d'entendre en réunion : « Ah non ! Pas question de l'inviter, c'est un ringard ! » Quand j'entends dire que Nana Mouskouri ou Annie Cordy sont ringardes – cela m'est arrivé – je trouve ça épouvantable. Pourquoi, tout à coup, sont-elles rangées dans cette catégorie ? Elles chantent, dans leurs styles respectifs, depuis des décennies, elles sont aimées du public : selon quel critère un petit con d'assistant de programmation peut-il se permettre de dire une chose pareille ?

Je me souviens d'une émission avec Charles Trenet, dans les années soixante, où l'on sentait l'artiste paumé : il n'était plus apprécié à sa juste valeur et il en souffrait. Il était triste et les caméras, qui ne pardonnent rien, le rendaient presque pathétique. Évidemment, c'était dans sa tête que ça se passait : il se sentait dépassé par les événements, il n'était plus que l'ombre du géant de la chanson qu'il avait été dès la fin des années trente. Plus tard, il fut remis sur son piédestal et « monumentalisé » : jusqu'à sa mort, les hommages les plus prestigieux se sont succédé. Un artiste ne doit jamais laisser transparaître sa tristesse ou son manque de confiance en soi : c'est en doutant de soi et de son public qu'il perd de son prestige ! Il ne s'agit pas, comme Salvador, de donner dans l'hilarité systématique – quoique je sois persuadé que sa bonne humeur apparente a largement contribué à son come-back. Jamais je ne me suis dit que j'étais fini. J'ai toujours oscillé entre « Je suis le meilleur » et « Je ne vaux rien ». « Je ne vaux rien » survient par exemple quand on passe à l'Olympia pour la première fois et que l'on se demande comment on ose chanter sur ces planches où se sont produits Édith Piaf ou Jacques Brel. « Je suis le meilleur » est plus rare...

20

Bête curieuse

Aujourd'hui, une vingtaine d'années après ce fameux concert à Agen que je racontais au début du livre, cette première prestation « sur bande », il m'arrive encore de me produire dans ces conditions, même si j'en fais beaucoup moins. Désormais, pour un concert sur bande, j'en fais cinq avec mes musiciens et mes choristes ! Il est mal vu que l'artiste « parle argent » et c'est un des rares amis qui me restent, Michel Habert, qui se charge de l'organisation de mes concerts. Il était producteur de spectacles avec pas mal de « coups » spectaculaires à son actif. Me sachant orphelin de manager, il a proposé de s'occuper de l'ami que je pense être pour lui. Pas toujours évident de mettre son amour-propre en veilleuse à côté du personnage public que je suis. C'est donc à lui que les « intermédiaires » s'adressent pour obtenir les conditions financières de mes concerts. Je sais qu'il lutte pas mal pour éviter les escroqueries possibles entre le prix qu'ils nous annoncent et celui qu'ils obtiennent. Heureusement qu'il n'y a pas que des brebis galeuses, mais il y en a... Les concerts sur bandes orchestres (en BO, comme on dit), tout en étant moins chers, me rapportent plus qu'avec musiciens, mais quel plaisir de les avoir derrière moi !

Michel Habert, justement, m'a confié ces quelques lignes :

> « Si je devais m'éteindre ce jour, dans mon lit, bien calé dans les plumes de mes oreillers, sans doute mon regard doucement perdu dans le fond du plafond serait attiré par les images de ces dernières années passées aux côtés de Dave...
>
> Beaucoup de TGV, car nous sommes Très Grands Voyageurs, nous avons même une jolie carte de la SNCF qui le reconnaît.
>
> Il faut dire que ce train a changé notre vie pratique, lorsque Dave doit chanter un soir en Bretagne et le lendemain en Avignon... « C'est possible », comme le dit le slogan publicitaire de la compagnie ferroviaire. Et très souvent pour Dave comme pour moi-même, entrant dans le wagon, notre première interrogation est de savoir s'il y a toujours à la voiture-bar le sandwich du mois au pain suédois, vendu dans la formule presto, c'est-à-dire avec un yaourt dont on peut garder le pot assez solide, dans le dessein de mettre des stylos sur mon beau bureau style René Coty.
>
> Beaucoup de voyages « avion » dont les turbulences nous inspirent à tous deux encore de grandes frayeurs, et qui en quelques secondes nous font perdre notre teint hâlé de surfeurs californiens pour transformer à chaque secousse nos deux visages en clowns blancs

dépités, comme refusés après une audition des Bouglione... Et à chaque vol mouvementé nous nous entendons dire tous deux, souvent en même temps : « La prochaine fois, on prend la voiture... »

La voiture... Dans cet engin, nous avons vécu de nombreuses heures qui, cumulées, doivent atteindre à ce jour le tiers de toute une vie.

Il vous faut imaginer Dave au volant, moi cartes et plans sur les genoux, cherchant mes lunettes, tentant de déchiffrer la route la plus directe pour aller de Paris à Saint-Hilaire-du-Rosier... Alors tout doucement la grosse berline confortable de Dave devient dans l'instant, tels le carrosse et la citrouille, un aventureux 4 × 4 d'un Paris-Dakar d'opéra-comique.

Et puis surtout il y a les rencontres...

Celles avec les êtres ont toujours été pour moi source d'intérêt, de plaisir au travers des différences.

Lorsque j'organisais des spectacles avec la présence de grandes vedettes américaines à l'Olympia, c'était encore la volonté de rencontre qui me motivait en priorité.

Quand fut décidée notre collaboration complice avec Dave, j'ai bien évidemment pensé que, compte tenu des nombreux spectacles que nous ferions aux quatre coins de la France, j'aurais la joie de pouvoir assouvir ma volonté de découverte humaine.

Quelques années après, je dois confesser que je n'ai pas été déçu par ces rencontres à tout le moins par leur nombre et leurs horizons différents : dîner un soir d'été dans le cadre d'un paysage bucolique, quelques heures avant le spectacle, avec un couple gérant d'une supérette dans le centre du Larzac : elle joliment coiffée pour l'occasion par un ami fleuriste, lui sponsor de la municipalité pour le spectacle du jour, et qui nous décrira, tout au long du dîner avec de délicieux détails, l'horrible façon dont on lui dérobe, à l'intérieur de la supérette, des piles électriques dissimulées dans des boîtes de purée Mousseline. Escroquerie que Mme Henriette, sa belle-mère a pu déjouer à la caisse en soupesant d'une main experte le paquet de purée.

Il est évident qu'une telle conversation lors d'un dîner de soir d'été ne peut que satisfaire mon exigence de contacts enrichissants.

Enfin, pour être très juste, sérieux, voire honnête, je dois quand même préciser que dans mes souvenirs d'« accompagnateur » de Dave, je garde précieusement les remerciements émus d'admiratrices timides, heureuses, arrivant dans la loge avec un petit cadeau, souvent « fait maison » hélas ! afin d'exprimer leur tendre admiration pour le chanteur.

Mais sans nul doute après ces années, s'il me fallait conclure par un bilan, la plus intéressante et la plus surprenante rencontre aura été celle favorisée par le destin, à savoir ma rencontre avec lui... » Merci Michel !

Il fut un temps où j'étais un peu jaloux de Thierry Le Luron : comme je l'ai raconté plus haut, il n'arrêtait pas de tourner dans le circuit des conventions d'entreprise, aujourd'hui ils appellent ça des *incen-*

tives. Il travaillait avec des sociétés spécialisées dans l'événementiel ; le principe en est simple : à l'occasion du lancement d'un nouveau produit, d'un séminaire de motivation des cadres, d'un symposium des forces de vente ou d'un raout quelconque, ils invitent un artiste comme cerise sur le gâteau de la soirée de clôture. Thierry en faisait sans arrêt : je l'enviais parce que ça peut rapporter pas mal de sous ! Désormais, je suis probablement l'un de ceux qui tournent le plus dans le circuit des entreprises. Tout simplement parce que mes « clients » sont des gens qui correspondent exactement à mon public : les trente-cinq, cinquante ans. Quand ils étaient jeunes, *Vanina*, *Du côté de chez Swann* et autres *Dansez maintenant* passaient en boucle sur les ondes, ils ont peut-être même acheté le disque et ils sont ravis, après trois jours de boulot et de prise de tête, de m'applaudir en écoutant les chansons de leur enfance ou de leur adolescence ! Nombreux sont les animateurs télé – qui appellent ça « faire des ménages » – ou les imitateurs qui arrondissent ainsi leurs fins de mois ou payent leurs impôts en bossant dans ces conditions. Certains prennent même la peine d'étudier leur client et, dans leur numéro, font des allusions à la société. Moi, je me contente de bondir sur scène et de dire : « Bonsoir, je suis heureux de chanter pour les conserves Schmürtz ! » Certaines sociétés ne me demandent même plus de chanter : on me propose maintenant de donner des conférences, comme David Douillet, pour expliquer une réussite professionnelle ou comment durer (!) dans un métier...

Parmi les phénomènes pervers causés, je crois, par la télévision, je suis chagriné de constater que les gens viennent voir les artistes non pas pour assister à un concert, écouter des chansons et passer un bon moment, mais pour voir « en vrai » celui ou celle qu'ils ont vu dans le poste. Peu importe, dans ces conditions, que tu chantes sur bande, en play-back complet ou avec un orchestre. J'ai l'impression qu'avant tout, en effet, ils veulent voir la bête curieuse. Après le concert, ils te cherchent, ils t'attendent, ils veulent un autographe. Le concert est secondaire et c'est bien triste. À ce propos, je rappelle souvent une anecdote qui m'avait beaucoup frappé : un jour j'ai entendu Julien Clerc raconter dans une interview à la radio qu'à la sortie des loges, un de ses fans lui avait dit, dépité : « Je n'ai pas eu ma photo dédicacée ; je suis venu pour rien ! » Alors que Julien venait de se donner entièrement, avec tout son talent et son intégrité, sur scène pendant deux heures !

Je fais très attention, quand je vais voir un artiste, à ne pas le croiser en coulisse quand il sort de scène. Parce que si c'était le cas, ça signifierait que je n'étais plus dans la salle, que je l'avais déjà quittée pour être dans les coulisses, alors qu'il terminait son concert. Autrement dit, que je n'avais pas assisté au final... Personnellement, c'est une chose que je ne supporte pas : je prends en grippe les personnes que je vois dans ma loge quand je sors de scène, je me retiens pour ne pas les interpeller ! Au lieu d'assister au spectacle jusqu'à la fin, au moment où je donne tout, où je suis à poil, ils sont là, peinards, en train de discuter. J'avoue avoir du mal à cacher l'envie de les envoyer promener quand ils viennent me féliciter. Je me souviens d'une phrase pas mal trouvée quand on ne sait pas trop quoi dire à l'artiste dont on a moyennement apprécié le spectacle : « C'était magnifique ! Mais c'était *trop court* ! » On me l'a fait... On m'a tout fait (mais ça va bien, merci).

Dans les années quatre-vingt, j'avais été voir la responsable en France du grand concours Eurovision de la Chanson (je ne savais pas encore que j'allais en assurer les commentaires vingt ans plus tard avec Marc Olivier Fogiel, en 2001 et 2002 : une expérience qui ne me laisse que de bons souvenirs, même si nos interventions parfois quelque peu ironiques n'ont pas plu à tout le monde) ; on m'avait proposé une chanson que je trouvais intéressante et complètement dans le style du concours. Je connaissais cette fille depuis des années, elle avait eu de hautes responsabilités à la radio et occupait désormais un poste important à la télévision. Elle a écouté la chanson et m'a dit, sans malice, d'ailleurs : « Ce n'est pas mal. Qui vois-tu pour l'interpréter ? » J'ai réalisé d'un coup qu'elle me mettait dans la catégorie des vieux messieurs, des chanteurs rangés qui se recyclent dans la production. Pas un instant elle n'avait pensé que j'aurais pu l'interpréter moi-même.

J'ai vécu une autre histoire un peu similaire avec quelqu'un que j'avais connu chez Barclay, en 1969, quand elle était directrice de la promo. Dans la deuxième moitié des années quatre-vingt, je me suis retrouvé sans contrat avec une maison de disques et j'ai décidé de faire de la prospection. J'ai donc ouvert mon calepin et j'ai appelé les gens que je connaissais, dont elle. Je suis tombé sur sa secrétaire, que je connaissais également. Elle me dit, pleine d'enthousiasme : « Ah ! Dave, quelle surprise ! Comment ça va ? Je vais te passer X. » Mais voilà qu'elle oublie d'appuyer sur le bon bouton et j'entends ce qu'elles se disent :

— J'ai Dave en ligne qui voudrait vous parler.

— Dites-lui que je ne prends plus rien cette année.

Cette phrase m'est restée en travers de la gorge. Mettez-vous dans la peau de « X ». Vous êtes contactée par un chanteur qui a été une grosse vedette, qui ne l'est plus, mais que vous connaissez depuis toujours. La moindre des choses, vous en conviendrez, ce serait de prendre la communication et de lui proposer un rendez-vous, même si vous n'avez aucune envie de le signer ! Même si c'était pour me balancer une formule de politesse du genre : « C'est intéressant, mais pas pour tout de suite. Je te rappellerai », elle aurait dû accepter de me parler. Deux ans plus tard, je suis tombé sur elle dans l'entrée de la boîte de disques où elle travaillait encore, juste avant d'en être éjectée. Elle est venue vers moi pour m'embrasser, je me suis écarté et lui ai tourné le dos. Se souvenait-elle de sa réponse à sa secrétaire ? J'en doute. Elle n'a probablement rien compris. Elle est sur ma liste noire, tant pis pour elle. De toute manière, au chapitre des « humiliations », j'ai connu pire.

Dans mon premier livre, j'ai raconté le choc que j'avais eu le jour où j'ai donné mon premier gala, le 30 avril 1975, à Bonmal, en Belgique. J'avais trouvé ça épouvantablement minable et vulgaire. Je n'avais jamais vu d'artiste de variété en concert, à deux ou trois exceptions près ; je me souviens notamment d'avoir assisté à l'Olympia au passage d'Enrico Macias. Le spectacle était autant sur scène que dans la salle, son public étant quasi exclusivement composé de pieds-noirs. Les chanteurs, je me contentais de les écouter à la radio, je n'achetais même pas leurs disques ! En bref, je ne connaissais rien à la variété avant d'en chanter moi-même... Pourtant j'aimais ça : au risque de me répéter, les idoles de mon adolescence sont des chanteurs pop dans le sens anglo-saxon du terme, autrement dit des artistes de variété : Cliff Richard, Paul Anka, les Everly Brothers, Gene Pitney, Roy Orbison et plein d'autres. Un jour, à Madrid, un Espagnol m'a dit, après m'avoir écouté chanter : « Vous, vous aimez Roy Orbison et Gene Pitney ! » Je n'en revenais pas : il avait reconnu, à mes intonations, mes deux influences principales !

Les seuls concerts auxquels j'avais assisté remontaient à mon enfance, lorsque j'avais accompagné ma mère à des récitals classiques dans des salles de concert, l'équivalent hollandais de Pleyel ou de l'Opéra-Garnier. Et là, en ce printemps 1975, je fais mon premier « parquet » en Belgique. Un parquet, c'est une grande tente, posée dans un champ ou sur la place d'un village, basse de plafond, où il fait une chaleur au moins aussi insupportable que l'odeur : un mélange de bière éventée, de tabac à rouler et de sueur humaine. Dans le fond, un podium éclairé par quelques spots ; pas de vraie loge pour l'artiste, qui revêt son costume de scène dans une caravane... Ce jour-là, je me suis demandé : « C'est ça mon avenir ? » Ce n'était pourtant pas plus misérable que de faire la manche dans un bouge à Marseille, comme je l'avais fait quelques années plus tôt, grâce à la surveillance amicale des frères Guerini et du milieu marseillais, qui m'avaient pris en sympathie... Passé un moment de surprise, à Bonmal, je me suis dit qu'il valait mieux considérer tout cela comme un défi à relever. Il me faudrait gagner ma vie dans des endroits qui puent la bière, et y imposer mes chansons. Je me faisais plus d'argent, évidemment, qu'à l'époque où je chantais à la terrasse des cafés à Saint-Germain-des-Prés mais quelque part j'étais bien loin de mon confort d'avant ! En outre, Jacques Marouani, qui était mon impresario à ce moment-là, avait décidé de donner un feu d'artifice pour débuter le spectacle.

— Tu vas voir, m'avait-il dit. Ce sera formidable ! Il y aura des fumigènes au moment de ton entrée sur scène ! Ce sera spectaculaire !

Effectivement, ça avait pété dans tous les sens, mais dans un « parquet » où le plafond se trouve à 2,30 mètres, c'est pas terrible... Il y avait tellement de fumée et elle a mis tellement longtemps à se dissiper que je n'ai pas vu le public avant le rappel. J'exagère sans doute, mais c'est le souvenir que j'en ai gardé !

Attention, ne vous méprenez pas : je ne parle pas du public présent ce soir-là, où toutes les autres fois où j'ai fait des « parquets ». Le public est le même partout ! Tout dépend des conditions dans lesquelles a lieu le spectacle. Un concert rock qui se déroule dans un Zénith transformé en cendrier géant parce que tout le monde fume, c'est inacceptable. J'irais même plus loin : les artistes devraient refuser de chanter dans les Palais des Sports. Comme leur nom l'indique, ces endroits n'ont pas été conçus pour ça : le son est mauvais, le décor est moche, ce n'est pas une salle de spectacle ! Idem pour le Palais des Congrès à Paris où Serge Lama,

Charles Aznavour, *Notre-Dame de Paris* et des dizaines d'autres spectacles ont triomphé. Et pourtant cette salle n'est pas faite pour les concerts : là, pour le coup, on est *trop bien* installé, les accoudoirs sont énormes, le public est vautré. Comment voulez-vous que se crée une communion réelle avec les artistes ? On est loin du « parquet » quand on parle du Palais des Congrès, mais le problème est le même. Les conditions ne sont pas adéquates.

Au chapitre des situations plutôt humiliantes, il y a pire. Pire que les bandes la première fois, pire que les « parquets ». Pendant un an, j'ai tourné dans le circuit des boîtes de nuit. Je commençais à avoir de sérieux problèmes financiers et j'ai accepté, dans la deuxième moitié des années quatre-vingt, de me produire dans les discothèques. Le scénario était immuable : je me pointais vers 18-19 heures dans un quelconque *Voum-Voum* ou *Copacabana* à Trifouillis-les-Oies pour la balance son, avec ma bande magnétique. Ensuite, passage obligé, le dîner. Parce qu'il faut savoir que le patron de la boîte, sa femme, sa belle-mère et ses filles se sont acheté le chanteur pour l'avoir à leur table ! L'épisode est éprouvant : l'artiste étant le centre d'attention, il doit faire le mariolle, raconter des blagues, débiter des compliments à la belle-mère, faire risette, répondre aux questions les plus cons. Le cauchemar n'était pas fini : je retournais à la boîte vers 23 heures, pour me préparer, en espérant chanter – comme il était mentionné dans le contrat – à minuit. Vers minuit et demi, le patron venait me voir dans ma « loge », généralement la réserve de limonade, non chauffée, avec une loupiote et un miroir à main accroché à un clou, en m'annonçant qu'il attendait encore du monde. Pendant ce temps, le disc-jockey faisait monter la pression, dans tous les sens du terme, puisque les mousses coulaient à flot jusqu'à ce que l'« attraction » de la soirée monte sur la « scène » (s'il y en avait une). Combien de fois me suis-je retrouvé à chanter à 2 ou 3 heures du matin, disons plutôt las, pour utiliser un euphémisme ? Affronter un public de gens bourrés est à peu près aussi facile que de gérer une classe de CM2 remplie de chahuteurs ! Dès que j'ai pu refuser de me produire dans les boîtes de nuit, je les ai fuies, mais à cette époque je ne pouvais pas faire autrement. Patrick Juvet tourne encore régulièrement dans ce circuit, mais il y prend un vrai plaisir : il est resté un joyeux noctambule et un infatigable *nightclubber*.

— Quitte à sortir en boîte, m'a-t-il expliqué avec une certaine logique, autant être payé pour !

Mais il y a plus pénible encore : les galas des radios FM, ces mêmes radios qui refusaient de programmer mes disques parce que je n'étais pas « dans la cible » mais qui me proposaient, ainsi qu'à vingt-cinq ou trente autres chanteurs, de participer à leurs galas en province. Le principe était simple : ils contactaient les maisons de disques, celles-ci casquaient pour les voyages, les artistes étaient présentés par des animateurs de la station et à l'antenne ils faisaient suffisamment de battage pour que les gens se déplacent en masse, que ce soit sur une tournée des plages, dans une salle des fêtes ou sur la place du village. Ça a commencé en gros vers 1982-1983, dès que les radios FM ont pris la mesure de leur impact et de leur poids sur les ventes de 45 tours. Les maisons de disques étaient aux petits soins pour les FM, et les FM – n'importe quelle FM, même NRJ Angoulême – voulaient bien de Dave. C'est comme ça qu'un jour je me suis retrouvé en Belgique, une fois de plus, dans une foire à Charleroi, à chanter en première partie de Jeanne Mas, qui commençait à cartonner... Mais ce n'était pas ça le plus vexant – quelques années plus tard, c'est elle qui s'est retrouvée en bas de l'affiche d'un gala dont j'étais la vedette, la roue tourne dans ce métier, pour moi comme pour les autres –, c'était la façon dont on était traité par les organisateurs de ces galas FM.

Je ne sais comment définir leur attitude : mépris ? Négligence ? Dédain ? Ringard, pas encore kitsch et encore moins tendance ou *fashion*, je n'étais rien, je n'étais que le chanteur qui ne marchait plus. Ils n'avaient aucune considération pour les artistes, leur attention était monopolisée par le vainqueur du moment, celui qui était en tête du hit-parade, qu'il s'agisse de Cookie Dingler ou de Jackie Quartz. Or, même si vous êtes totalement *out* à Paris, quand vous arrivez seul dans un gala en province où votre nom est en grand sur l'affiche, vous êtes la vedette. Alors que là, quand on se retrouve à vingt-cinq ou trente à défiler sur scène, il n'y a qu'une seule vedette : le dernier gros vendeur de disques.

Ce n'était pas marrant, mais j'ai survécu...

Certains chanteurs de ma génération ont évolué de manière totalement différente. Je pense à Alain Chamfort, qui, un jour, a « retourné sa veste » en décidant de ne plus être un chanteur à minettes.

Chamfort a aujourd'hui une image comparable à celles d'un William Sheller ou d'un Louis Chédid, deux chanteurs qui ont commencé, dans les années soixante-dix, par vendre des 45 tours – donc, par définition, à un public jeune et en majorité féminin – puis qui ont acquis une crédibilité réelle comme auteurs d'albums. Je suis leurs carrières avec intérêt : pour moi ils sont comme des copains de classe ! Publier de beaux albums qui ravissent leurs fans est une chose tout à fait respectable, mais comment faire pour toucher le grand public sans perdre son intégrité ?

L'intégrité : le grand mot est lâché. C'est le seul choix dont on dispose, mais en réalité ce n'est même pas un choix. On fait les chansons qu'on a envie de faire. Le premier que j'ai entendu se plaindre qu'on passe toujours à la radio la même chanson, c'était Dick Annegarn, chez Philippe Bouvard. Il a dit : « J'en ai marre que vous diffusiez *Bruxelles*, il y a d'autres chansons sur mon album ! » Il a disparu aussitôt. Comme si les directeurs de la programmation s'étaient donné le mot : puisque tu n'aimes pas qu'on passe cette chanson, eh bien on ne te passera plus, c'est terminé !

On me demande souvent si je n'en ai pas marre de chanter toujours les mêmes chansons. Ce qui est intéressant, c'est que les gens qui me posent cette question sont ceux qui toute leur vie font la même chose : de 9 heures à 17 heures ils sont chefs-comptables, ou cheminots, ou avocats, ou dentistes. À mon père, qui était prof, on demandait parfois : « Vous n'en avez pas assez d'enseigner tous les ans le même programme ? » Il répondait : « Non, parce que les élèves changent. » C'est aussi ma réponse. Le public change : chaque soir, les visages sont différents. Je les regarde et je vois des sourires : ils sont contents d'entendre les tubes de leur jeunesse, de voir « en vrai » le mec qui passe à la télé. Je vois aussi l'émotion, quand j'interprète *Dernier Regard*, une chanson sur la disparition de ma mère, qui figurait sur l'album qui est sorti en 1993. Quand je dis que je me mets à nu sur scène, figurativement bien sûr, c'est à propos de chansons comme celle-là : je repense à ma mère, qui est partie depuis plus de dix ans. Ça me fait du bien, ainsi, j'espère, qu'à tous ceux et toutes celles qui ont vécu un deuil semblable. Tout ce qui survient dans la vie des artistes, comme chagrins, comme bonheurs, comme extases de toutes sortes, tout cela se retrouve dans leur travail. Si mon show se transformait en une mécanique bien huilée et que je devenais un robot, alors j'aurais intérêt à m'arrêter et à changer de métier ! Je crois d'ailleurs que, dans ce cas, ça s'arrêterait tout seul : le public se rendrait très vite compte de la nullité de ma « prestation »...

Le bonheur de me retrouver sur scène reste à chaque fois indescriptible. Et cela depuis plus de trente ans ! Sur scène, je suis le plus heureux des hommes. C'est un miracle, et parfois je me pose moi-même *la* question : comment puis-je toujours chanter *Vanina*, *Du côté de chez Swann* et toutes ces chansons des années soixante-dix sans me lasser ? Je crois que c'est du même ordre que l'émerveillement de la relation qui m'unit à Patrick (et cela depuis plus de trente ans également) : ça s'appelle l'AMOUR.

Cette histoire d'amour, je vous la dois. Et j'espère bien qu'elle ne s'arrêtera qu'avec mon dernier soupir et, si je peux choisir, que celui-ci survienne plutôt sur une scène que dans un lit...

Impression réalisée sur CAMERON par

BUSSIÈRE CAMEDAN IMPRIMERIES

GROUPE CPI

à Saint-Amand-Montrond (Cher)
en février 2003

N° d'impression : 030835/1.
Dépôt légal : février 2003.

Imprimé en France